»Rückblicke sind nötig,
um vorausschauen zu können.«

»Rückblicke sind nötig, um vorausschauen zu können.«

DER CORNELSEN VERLAG 1946–1996

Internationales Haus Sonnenberg 22.11.2003

Lieber Fritz,

dies ist eine Erinnerung
an einen bedeutenden
Mensch.
Nach dem Bau der Mauer 1961
sprach der Verleger
Franz Cornelsen
auf der ersten Fremdsprachen-
tagung des Sonnenbergs
über die Arbeit des Schulbuch-
verlegers
Neun Tage vor dem Fall der
Mauer starb er Ende Oktober 1989

Nicolai

Er war für mich Vorbild,
Wegweiser und Freund
In alter Verbundenheit
Dein Fritz

»Rückblicke sind nötig,
um vorausschauen zu können.«
wurde niedergeschrieben
von Steffen Damm
und erschien anläßlich
des 50. Jubiläums des
CORNELSEN VERLAGES
im April 1996.
Redaktion: Ruth Cornelsen

Zum Geleit
RUTH CORNELSEN

Als ich – längere Zeit nach dem Tod von Franz Cornelsen – seinen umfangreichen schriftlichen Nachlaß geordnet hatte, wurde mir bei der Lektüre vergilbter Dokumente und Briefe der nie ausgesprochene Auftrag klar, die ungewöhnliche Geschichte der Verlagsgründung, die eng verknüpft ist mit der damaligen politischen Situation Berlins, niederschreiben zu lassen.

So ist die vorliegende Chronik des Hauses Cornelsen anläßlich seines fünfzigjährigen Jubiläums in erster Linie eine posthume Würdigung des Verlagsgründers. Es ist im wesentlichen das Werk von Franz und Hildegard Cornelsen, dessen Gelingen wir in diesem Jahr mit einem runden Geburtstag feiern können. Dieses Lebenswerk ist das solide Fundament dafür, daß der Cornelsen Verlag auch für künftige Aufgaben gut gerüstet ist und sich wie bisher ungewöhnlichen Herausforderungen stellen kann.

Franz und Ruth Cornelsen bei der Verleihung des Dr. h. c. durch die Freie Universität Berlin, 1988

Neben der dankbaren Erinnerung an meinen Mann, der uns Maßstab und Leitbild ist, und an Hildegard Cornelsen, die mir bei diesen Aufräumarbeiten vertraut wurde, gilt meine besondere Bewunderung den »Generalisten« der Gründerjahre, meine Anerkennung allen Mitarbeiterinnen und Mitarbeitern sowie den Autoren des Cornelsen Verlages, die dem Haus nicht selten über Jahrzehnte verbunden geblieben sind. Ein Schulbuchverlag lebt in besonderer Weise vom gemeinschaftlichen Engagement für die Sache, vom Verantwortungsgefühl und vom Pflichtbewußtsein jedes einzelnen. Diese Tugenden, auf die Cornelsen stets bauen konnte, sind unverzichtbare Garanten unseres Erfolges.

An dieser Stelle möchte ich all jenen danken, die an der Entstehung dieser Chronik beteiligt waren: Da ist der junge Autor, der sich einfühlsam und geduldig im ständigen Dialog mit mir hineingedacht hat in die Unternehmergeschichte und die Unternehmensgeschichte. Ohne die Zeitzeugen allerdings, die bereitwillig Inhalte ergänzt haben, wäre diese Geschichte unvollständig geblieben. Die wohlwollend-kritische und sachkundige Begleitung, die mein Vorhaben hier im Cornelsen-Hause erfahren hat, war hilfreich und ermutigend für mich.

Die Verlagsgeschichte – in acht Stationen erzählt – ist nicht abgeschlossen. Sie enthält so viel Zukunftspotential, daß wir uns keine Sorgen machen müssen um die Ausgestaltung weiterer Kapitel zu gegebener Zeit. Der Rückblick auf fünfzig Jahre ist also nur eine Zwischenbilanz.

Berlin, im Frühjahr 1996

»Rückblicke sind nötig, um vorausschauen zu können.«

Jubiläen und Geburtstage sind ein willkommener Anlaß zur Standortbestimmung. Sie sind Haltestellen des Gedächtnisses im Fluß der Zeit.

Das fünfzigjährige Jubiläum des Cornelsen Verlags ist ein solcher Anlaß. Mit der vorliegenden Chronik soll der Versuch einer Zwischenbilanz unternommen werden: Was bisher geleistet wurde, steht im Zentrum der folgenden Kapitel. Zugleich verkörpert die Geschichte des Unternehmens das Fundament zukünftiger Entwicklungen. Jubiläen markieren stets eine Schnittstelle zwischen Vergangenheit und Zukunft. Der Blick zurück ist an solchen Tagen immer auch ein Blick nach vorn, mit dem Erwartungen, Wünsche und Hoffnungen verbunden sind. Die Zuversicht, mit der das Haus Cornelsen in die Zukunft schaut, beruht vor allem darauf, daß ihm die Last vergangener Jahre nicht anzumerken ist. Das Unternehmen hat sich über einen Zeitraum von fünfzig Jahren seine Jugendlichkeit bewahrt.

»Jugend ist die Zeit für Erfolg«, sagt Oscar Wilde in einem seiner hintersinnigen Aphorismen. Diese Feststellung mag verwundern, gilt doch die Jugend eher als Zeit der Unreife, der Ausbildung, Erprobung und Selbstfindung. Erfolgreich ist, wer es verstanden hat, jung zu bleiben, wer die Kardinaltugenden der Jugend – geistige Frische, Beweglichkeit und Elan – ins Stadium der Reife zu überführen vermag, ohne dabei die Würde seiner Jahre zu verleugnen. Jugend ist ein Potential mit Langzeitwirkung; sie bezeichnet keine Altersgruppe, eher ein Weltbild, eine Idee, einen Anspruch.

Das erste Verlagssignet, die Schwalbe

Es bedarf keiner allzu großen Mühen, um die hier skizzierten Handlungsprämissen, formuliert von einem der namhaftesten Schriftsteller im ersten Verlagsprogramm des Hauses Cornelsen, als unternehmerische Prinzipien par excellence zu identifizieren. Denn wie anders sollte der Erfolg eines Unternehmens zu erklären sein, wenn nicht durch jene Impulse, die ein dynamisches, agiles und somit im besten Sinne jugendliches Denken verleiht? Ein Unternehmen, das mit der Zeit geht, das wandlungs- und entwicklungsfähig geblieben ist, ohne seine Identität aufs Spiel zu setzen, darf mit Recht als ein junges Unternehmen bezeichnet werden – wann immer es gegründet wurde.

Entscheidend ist die anhaltende Bereitschaft zu Modifikation und Erneuerung in struktureller und in strategischer Hinsicht, sowohl intern als auch in seinen Außenbeziehungen. Darüber hinaus gilt es, im Wettbewerb mit gleichartigen Unternehmen Profil zu bewahren. Ein Spannungsfeld, in dem Jugendlichkeit eine wünschenswerte, ja unverzichtbare Eigenschaft darstellt.

Der 1946 in Berlin gegründete Cornelsen Verlag ist in zweifacher Hinsicht ein junges Unternehmen. Zum einen nehmen sich jene fünfzig Jahre, deren Vollendung die vorliegende Chronik markiert, gemessen am bisweilen stattlichen Lebensalter vergleichbarer Schulbuchverlage durchaus bescheiden und überschaubar aus. Der Verlag ist zwar längst kein Branchenneuling mehr. Noch immer erscheint er jedoch als ein junger Seiteneinsteiger in eine weitaus ältere Zunft.

Der zweite Grund für die Behauptung, der Cornelsen Verlag sei trotz seiner immerhin ein halbes Jahrhundert umspannenden Geschichte jung geblieben, wiegt indessen ungleich schwerer. Er ist in jener inneren Verfaßtheit zu sehen, die man als den ›Geist‹ eines Hauses bezeichnet. Da seine Wurzeln bis zur Phase der Verlagsgründung zurückreichen, erscheint es naheliegend, ihn mit dem Faktor Tradition in Verbindung zu bringen. Cornelsen ist ein junges, traditionsbewußtes Unternehmen. Das mag widersprüchlich klingen; doch werden Jugend und Tradition identisch, wenn Traditionen in Aufbrüchen, Wagnissen und der Bereitschaft bestehen, sich in unbekannte Gebiete vorzuwagen. Der Pioniergeist des Verlagsgründers Franz Cornelsen ist bis auf den heutigen Tag lebendig geblieben.

Wer jung ist, hat noch etwas vor. Wer jung geblieben ist, hat zudem bereits einiges hinter sich. Um die Philosophie der Lebensalter noch ein wenig weiterzuführen: Mit dem Anwachsen der eigenen Historie gewinnt an Kontur, was wir Identität nennen. Jedes Unternehmen hat eine Geschichte, deren Verlauf seinen Charakter maßgeblich prägt. Identität wäre also als Ensemble charakteristischer, verläßlicher Eigenschaften zu umschreiben. Sie gewährleistet Wiedererkennbarkeit, sowohl für sich selbst als auch durch andere. Identität ist ein Kontinuitätsfaktor, der verbürgt, daß man nicht täglich von vorn anfangen muß. Wenn also in den folgenden Kapiteln fünfzig Jahre Verlagsgeschichte – gleichsam im Zeitraffer – nachgezeichnet werden, so ist dies auch als eine Darstellung der Firmenidentität zu verstehen. Anekdotische Streiflichter und charakteristische Episoden sollen dabei nicht zu kurz kommen. Maßgeblich jedoch ist die »Geschichte über den Geschichten« – der orientierungstiftende rote Faden im Wandel der Zeitläufte.

»Zukunft braucht Herkunft« – dieses zeitlose Diktum des Philosophen Odo Marquard kennzeichnet präzise sowohl den Standort als auch das Selbstverständnis der vorliegenden Festschrift. Ihr Ausgangspunkt ist die Gegenwart, die mit einem besonderen Ereignis zusammenfällt. Für die Dauer eines exponierten Tages ruhen die alltäglichen Verrichtungen, um sich gemeinsam – denn ein Unternehmen ist ein Gemeinschaftswerk – an die zurückgelegte Wegstrecke zu erinnern und kommende Aufgaben ins Auge zu fassen. Woher kommen wir? Wo stehen wir, und wohin gehen wir? So lauten die Kernfragen anläßlich eines jeden Jubiläums. Mit ihrer Beantwortung wird der Charakter, das Unverwechselbare eines Unternehmens erkennbar und transparent.

Das kontinuierliche Wachstum des Cornelsen Verlags stand stets in unmittelbarem Zusammenhang mit einem ausgeprägten, wohlkalkulierten Bewußtsein für vorhandene Traditionslinien. Die Rahmenbedingungen mögen sich verändert, das Gesicht des Cornelsen Verlags mag im Laufe der Zeit notwendige Metamorphosen durchlaufen haben – dem aufklärerischen Credo, unter dessen Vorzeichen Franz Cornelsen, seine Frau Hildegard und die damals noch wenigen Mitarbeiter vor nunmehr fünfzig Jahren angetreten waren, haben derlei Modifikationen nichts anhaben können. Im Gegenteil: Weltoffenheit sowie die verantwortungsbewußte Arbeit an einem soliden Bildungsstandard der Jugend prägen bis heute die Verlagsgeschäfte. Franz Cornelsen war zutiefst davon überzeugt, daß sich die mit der stetigen Expansion seines Unternehmens einhergehenden Strukturveränderungen im Geiste einer inhaltlichen Kontinuität zu vollziehen hätten. So ist sich der Cornelsen Verlag im Wandel treu geblieben.

»Verlage sind eine merkwürdige Mischung aus Geist und Kommerz. Wo allein der Geist regiert und der Kommerz vernachlässigt wird, bleibt der Erfolg oft aus. Verlage, in denen nur der Kommerz alles bestimmt, werden eines Tages von anderen überholt, die die beiden Phänomene stets in Einklang bringen können.« Franz Cornelsens Äußerung aus dem Jahr 1988 zeigt die Gratwanderung auf, die ein Handel mit geistigen Gütern immer ist. Zugleich ist seinen hellsichtigen und zeitgemäßen Überlegungen eine stoische Grundhaltung zu entnehmen, die vor dem Hintergrund hektischer Marktbewegungen beinahe anachronistisch wirkt. Im Mittelpunkt seiner verlegerischen Tätigkeit stand für Franz Cornelsen die ausgewogene Balance zwischen den Gesetzmäßigkeiten des Marktes und der Pflege humanistischer Bildungstraditionen. Beide Pole bedingen sich gegenseitig. Ihr Gleichgewicht ist die Voraussetzung einer nicht nur erfolgreichen, sondern vor allem einer in sich stimmigen und somit glaubwürdigen Verlagsarbeit. Erst auf einer gesicherten finanziellen Grundlage wird die Beschäftigung mit Bildungsgütern zu einer kalkulierbaren, langfristig angelegten Passion. Umgekehrt bliebe alles Geschäftliche in der Schwebe, bezöge es nicht seine Substanz aus der Überzeugung einer inneren Notwendigkeit. Das entscheidende Motiv, die Triebfeder solcher Ansichten ist in ihrem perspektivischen Charakter zu sehen: Verlagsarbeit bedeutete für Franz Cornelsen Arbeit an der Zukunft und für die Zukunft auf einer stabilen ökonomischen Basis.

Literatur, sei sie nun schöngeistiger oder fachspezifischer Art, setzt auf den mündigen Bürger, der ihre Angebote aufgreift und in seinen eigenen geistigen Horizont integriert. Insofern ist dem Handel mit Literatur ein unausgesprochener Glaube an die Zukunft eingeschrieben. Im Falle des Schulbuchs tritt dieser Glaube ungefiltert an den Tag, und Franz Cornelsen verstand sich als sein Anwalt. Seine pädagogische Verantwortung galt der kommenden Generation, sein Anliegen war über den subjektiven Lernprozeß hinaus ein gesellschaftliches. Dem überzeugten Schulbuchverleger Franz Cornelsen war, dies werden die folgenden Kapitel dokumentieren, der gesellschaftliche Stellenwert seiner Unternehmungen nicht lediglich präsent, sondern ein persönliches Bedürfnis, dem er auf vielfältige Weise Rechnung trug. Davon zeugen nicht zuletzt seine Stiftungsgründungen – beginnend in den späten sechziger Jahren –, die nun um eine

Kultur-Stiftung zugunsten der Stadt Berlin und der neuen Länder erweitert werden sollen.

Die Abfolge der insgesamt acht Kapitel orientiert sich an herausragenden Ereignissen und Zäsuren, die der Verlagschronik ihre Struktur verliehen haben. Ihren Auftakt stellen die Gründerjahre 1946 bis 1948 dar, in deren Verlauf die geistigen und instrumentellen Voraussetzungen eines kontinuierlichen Wachstumsprozesses geschaffen wurden. Der vorläufige Abschluß der Chronik ist der Phase der »Nachwendezeit« gewidmet, die in vielerlei Hinsicht erneut die Bedingungen einer Gründerzeit erfüllt. Cornelsen tritt ihr als ein junges und vitales Unternehmen entgegen, das seine Zukunft vor sich hat. Eine Zukunft, deren Kontur von Besonnenheit und Tatkraft in der Gegenwart abhängt. Die hier vorgelegte Retrospektive soll weiteren Entwicklungen den Rücken stärken, denn, um mit Franz Cornelsen zu sprechen: »Rückblicke sind nötig, um vorausschauen zu können.«

Blick auf das Brandenburger Tor und den Tiergarten, 1945/46

»Es waren dramatische Jahre.«

VERLAGSGRÜNDUNG IM GEISTE DER VÖLKERVERSTÄNDIGUNG 1945–1946

Als Franz Cornelsen im Jahr 1945 seine Arbeit als Verleger aufnahm, lag Berlin in Trümmern. Man kann sich dieses Bild nicht deutlich genug vor Augen führen, enthält es doch das entscheidende Motiv, das ein Jahr später zur Gründung des Cornelsen Verlags führte. Die ehemals blühende Verlags- und Zeitungsmetropole war nach Ende des Zweiten Weltkrieges eine Ruinenlandschaft. Und ein junger Elektroingenieur faßte angesichts der Katastrophe den Entschluß, seine bisherige Lebensplanung zu korrigieren. Zerstörung und Zukunftsentwurf lagen dicht beieinander im Sommer 1945.

Dom und Lustgarten, 1945

Die Gründung des Cornelsen Verlags inmitten einer zerstörten Stadt ist als Reaktion auf die Erfahrungen des Krieges zu verstehen. Franz Cornelsen hatte die Schlacht um Berlin miterlebt. Er hatte die Greuel noch vor Augen, die aus dem Befehl zur Verteidigung der Reichshauptstadt ›bis zum letzten Mann‹ resultierten. Er hatte die Sowjetarmee einmarschieren sehen und sich stundenlangen Verhören durch die Besatzungsmacht unterziehen müssen. Aufgrund dieser Eindrücke sah er sich nun veranlaßt, eine vielversprechende Karriere bei Siemens aufzugeben, um seinen Beitrag zur internationalen Verständigung zu leisten.

Sein Credo war einfach und folgerichtig: Wenn man miteinander reden kann, führt man keine Kriege gegeneinander. In der festen Überzeugung, daß die Ursachen des militärischen Konfliktes in der völkerverachtenden und selbstherrlichen Politik der Nationalsozialisten lagen, setzte sich Franz Cornelsen fortan für den Abbau der Entfremdung zwischen den Völkern ein. Was schien für dieses Vorhaben geeigneter als die Kenntnis einer Fremdsprache? Über Jahre hinweg hatte sich Deutschland in teutonischer Selbstgenügsamkeit abgeschottet. Jene erfrischend internationale Atmosphäre, die Berlin in den zwanziger Jahren zu einer weltoffenen und pulsierenden Metropole gemacht hatte, war verschwunden. Es sollte Jahre dauern, bis der Anschluß an die europäische Avantgarde – die sich unterdessen anderswo weiterentwickelt hatte – wieder hergestellt und die geistige Verarmung zumindest teilweise überwunden war.

Franz Cornelsens Vorsatz bestand darin, den Deutschen durch die Vermittlung der Weltsprache Englisch wieder einen Zugang zur Völkergemeinschaft zu verschaffen. Dieses Konzept beinhaltete zunächst einmal die Einführung eines durchdachten und anregenden Englischunterrichts von der Volksschule bis zum Gymnasium. Schon als Student in München und Hannover hatte sich Cornelsen vor allem mit englischer, später auch mit französischer Literatur beschäftigt. »Ich widmete täglich mindestens eine Stunde der Lektüre von John Galsworthy, Aldous Huxley, Sinclair Lewis oder William Somerset Maugham«, schreibt er rückblickend. »Mir schien damals die angelsächsische Literatur unglaublich reich und von großer Fülle.« Um so schwerwiegender muß ihm der intellektuelle Mangel erschienen sein, der mit dem Verbot moderner Autoren aus dem In- und Ausland einherging. Eine Verlustempfindlichkeit, die auch die einseitige Zusammensetzung der verfügbaren Gesprächs- und Diskussionspartner einbezog. Auffallend häufig ist selbst in seinen Erinnerungen an die eigene Schulzeit im norddeutschen Stade von den Vorzügen kultureller Vielfalt die Rede. »Das Athenäum«, heißt es etwa über die Zusammensetzung seiner Gymnasialklasse, »war hinsichtlich der Mitschüler ein ›melting pot‹«; eine bunte Mischung unterschiedlicher Herkunft und Neigung, deren Einfluß er in der Zeit des Nationalsozialismus schmerzlich vermißte.

»Eine wichtige Prägung für die heranwachsende Jugend in der Weimarer Republik bestand in der atemberaubenden Entwicklung in der Physik, im astronomischen Bereich, in der Literatur und vor allem auch in der darstellenden Kunst. Wir waren fasziniert von dem, was sich da abspielte. Alle waren arm, aber geradezu besessen von einer Gier nach geistiger und kultureller Nahrung, genau wie nach dem Zweiten Weltkrieg.« In seinen autobiographischen Notizen über das Leben in der Provinz zeichnet sich bereits deutlich eine Charaktereigenschaft ab, die Franz Cornelsen auch als Verleger in der Hauptstadt nicht ablegen sollte: eine intellektuelle Neugierde und Unbefangenheit, die weder vor dem väterlichen Bücherschrank noch vor den Quantensprüngen der modernen Kunst haltmachte. »Zur Konfirmation 1922 bekam ich ›Goethe – Der Mann und das Werk‹

von Eduard Engel. Das war ein Buch, in dem ich viel las, ebenso wie in den roten Goethe-Prachtbänden der väterlichen Bibliothek. So wurde der alte Herr aus Weimar für mich sehr früh zum Leitbild eines Menschen, der sich für alles interessierte, vor allem auch für die Naturwissenschaften. Die anderen Leitbilder früherer Zeit waren Benjamin Franklin, Naturwissenschaftler und Politiker, und Werner von Siemens, Naturwissenschaftler und Kosmopolit.«

Es fällt nicht schwer, aus Franz Cornelsens Aufzeichnungen die Bezugsgrößen herauszufiltern, die für seinen geistigen Werdegang maßgebend waren. Neben seiner interdisziplinären Neugierde, die sich gleichermaßen auf Geistes- und Naturwissenschaften richtete, ist vor allem die kosmopolitische Ausrichtung seines Denkens zu nennen. Goethe, ohne Zweifel der Säulenheilige des deutschen Bürgertums im neunzehnten und frühen zwanzigsten Jahrhundert, wurde von dem jungen bildungshungrigen Landratssohn aus Stade beim Wort genommen. Er war der ständige Begleiter seiner eigenen Lehr- und Wanderjahre. Ein Vorbild in der Schulung eines freien, universalen Geistes, dem sich Cornelsen zeitlebens verpflichtet fühlte.

Die Eltern

Am 22. Juli 1908 als Sohn des preußischen Verwaltungsbeamten Dr. Franz Cornelsen und der Königsberger Bankierstochter Emely Gädecke im westfälischen Minden geboren, wurde der spätere Verleger nach humanistischen Grundsätzen erzogen. Seine Großmutter mütterlicherseits war Dänin; so kam der junge Franz nicht nur zu häufigen Verwandtschaftsbesuchen nach Skandinavien, sondern auch um die Sprache seiner Mutter zu erlernen. Seinen Vater charakterisierte er rückblickend als einen pflichtbewußten, fleißigen und konservativen Zeitgenossen, dessen besonderer Ehrgeiz in der Elektrifizierung des Nordteils der damaligen Provinz Hannover bestand. »Jeder Bauernhof sollte einen Anschluß an das Elektrizitätsnetz haben! Dies war ein anfänglich geradezu utopisches Unterfangen. Aber es ging dann doch voran, und als mein Vater 1932 in Pension ging, konnte er voller Stolz erzählen, er habe seit 1918 insgesamt 4000 Kilometer Straßen bauen können, und alle größeren Dörfer hätten nun Elektrizität.« Im Gegensatz zur Staatstreue seines Vaters stand Franz Cornelsens Mutter offenbar Gustav Stresemann

Franz Cornelsen, 1911

näher, den die Familie persönlich kannte. Der liberale mütterliche Einfluß auf den geistigen Haushalt des Heranwachsenden wurde zusätzlich durch den Großvater väterlicherseits untermauert, der 1880 bis 1883 ein Reichstagsmandat für die Nationalliberale Partei bekleidete. Senator Theodor Cornelsen, ein Freund Rudolf von Bennigsens, »war ein weitgereister, weltoffener Mann. Er starb 1922, aber ich war doch alt genug, um seinen liberalen Gedankengängen folgen zu können. So betrachtete ich den meiner Meinung nach etwas engen Patriotismus meines Vaters schon als Schüler mit einiger Distanz«.

Als Sechzehnjähriger

Auch wenn man die in der Kindheit und Jugend erfahrenen Einflüsse nicht unbedingt in einen kausalen Zusammenhang mit späteren Entscheidungen stellen sollte, so scheint sich die im besten Sinne bildungsbürgerliche Erziehung Franz Cornelsens doch auf seinen weiteren Lebensweg ausgewirkt zu haben. Im Sohne, dem älteren von zwei Kindern, vereinte sich der disziplinierte Tatendrang des Vaters mit den musischen Vorlieben der Mutter. Franz Cornelsen war ein politisch, naturwissenschaftlich und kulturell interessierter junger Mann, der seinen Bildungseifer in der Provinz durch Illustrierte, vor allem aber durch den ›Lesezirkel‹ stillte. »Dort gab es unter anderem ›Die Woche‹, vor allem aber ›Velhagen & Klasings Monatshefte‹. Franz Marc, Klee, Nolde, Beckmann, Kirchner, Schlemmer und die Franzosen – Matisse! – sickerten so auch in die Kleinstadt ein. ›Velhagen & Klasings Monatshefte‹ zeichneten sich aus durch Vorabdrucke bedeutender Schriftsteller wie Thomas Mann, Hermann Hesse oder Alfred Döblin. Es gab darin hervorragende Wiedergaben moderner Maler. Für den ›Provinzler‹ war dies damals der wesentlichste Zugang zu den Werken des Expressionismus und des Kubismus. Bei uns zu Hause hingen ›nur‹ Originale von Menzel, Lenbach und Slevogt, die der Vater meiner Mutter größtenteils noch in deren Ateliers gekauft hatte.«

All jene Bildungseinflüsse, die sich in Franz Cornelsens Erinnerungen mosaikartig zu einem Persönlichkeitsprofil zusammenfügen, haben eines gemeinsam: Sie fehlten während der Zeit des Nationalsozialismus. Es ist naheliegend, in ihrer Wiederbelebung nach Ende des Krieges eine bewußte Anknüpfung an verloren geglaubte Traditionen zu sehen. Die Entscheidung Franz Cornelsens, seine Tätigkeit bei Siemens zu beenden und sich dem Verlagsgeschäft zuzuwenden, ist vor allem auf die Entbehrungen zurückzuführen, die einem humanistisch geprägten Bewußtsein durch die nationalsozialistische Verordnung von Engstirnigkeit zugefügt wurden. Eine Verlagsgründung im Jahr 1946 ist sicher eine der deutlichsten Antworten, die sich auf die Bücherverbrennung vom Mai 1933 denken läßt.

Bis es dazu kam, waren indessen einige Zwischenschritte nötig. Im Anschluß an sein Diplom-Examen für Elektrotechnik und Wirtschaftswissenschaften, das Cornelsen 1933 an der Technischen Hochschule in Hannover mit dem Prädikat »Sehr gut« abgeschlossen hatte, begann seine Tätigkeit für den Elektrokonzern Siemens. Eine folgerichtige Entwicklung, wenn man bedenkt, daß der Unternehmer Werner von Siemens bereits in jungen Jahren zu seinen erklärten Vorbildern zählte. Aufgrund einer allgemeinen Einstellungssperre arbeitete Cornelsen zunächst als »Informant« – eine Position, die der vielversprechende Hochschulabsolvent der Fürsprache des Siemens-Mitarbeiters Dr. Heinz von Buol zu verdanken hatte. Bereits 1937 wurde er Abteilungsleiter. Er war als Vertreter des Hauses Siemens beim Weltsyndikat der Telefon-Weitverkehrsfirmen tätig, das seinen Sitz im niederländischen Den Haag hatte. Diese Funktion brachte vielfältige internationale Kontakte mit sich, da außer Siemens auch U.S.-amerikanische, englische, französische und skandinavische Firmen Vertretungen in Den Haag unterhielten.

Werner von Siemens, um 1890

Franz Cornelsen stand insgesamt zwölf Jahre in Diensten der Firma Siemens. Läßt man diese Zeitspanne Revue passieren, so fällt vor allem die weltweite Ausrichtung seiner Aktivitäten ins Auge. Eine Internationalität, die gleichsam naturwüchsig aus der Beschäftigung mit der Fernmeldetechnik resultierte, überdies jedoch seinen kosmopolitischen Neigungen entgegenkam. Seine frühzeitig erworbene Kenntnis der englischen Sprache konnte er in den Jahren 1936 bis 1944 bei der Zusammenstellung eines zweisprachigen »Fachwörterbuchs der Fernmeldetechnik« nutzen. Eine geplante Dissertation über die französische Elektrizitätswirtschaft, die Cornelsen bei Professor Willi Prion an der Technischen Hochschule Berlin einreichen wollte, scheiterte an den Rassengesetzen des NS-Regimes. Prion mußte 1936 in die Vereinigten Staaten emigrieren.

So kam dieses erste Promotionsvorhaben ebenso zum Stillstand wie ein zweiter Anlauf in den Jahren 1940 bis 1944. Eine Arbeit zum Thema »Betriebliches Vorschlagswesen« war bereits abgeschlossen, wurde jedoch von Franz Cornelsen wegen der zu erwartenden ›politischen Korrekturen‹ nicht eingereicht. Seine Wertvorstellungen waren mit den nationalchauvinistischen Zielvorgaben der Machthaber nicht in Einklang zu bringen. Eine Nutzung seiner Kenntnisse auf dem Kommunikationssektor durch das menschenverachtende Regime kam für ihn nie in Betracht. Als ihn das Oberkommando der Wehrmacht als Generalbevollmächtigten für die Elektrizitätswirtschaft des besetzten Norwegen einsetzen wollte, konnte er sich diesem Ansinnen durch ein Veto der Firma Siemens entziehen. Er wurde als unabkömmlich eingestuft und 1941, im Alter von 33 Jahren, mit der Leitung der Auslands-Abteilung im Berliner Siemenswerk für Funkgeräte betraut.

Einem Ereignis gebührt im Vorfeld der Verlagsgründung besondere Beachtung. Am Tag seines dreißigsten Geburtstags, dem 22. Juli 1938, heiratete Franz Cornelsen die um drei Jahre ältere Schriftstellerin und Graphikerin Hildegard Friedrichs. Nach ihrer Studienzeit an der Kunstgewerbeschule in Stuttgart und in Paris, wo sie auch als Modezeichnerin reüssierte, war die gebürtige Lübeckerin nach Berlin übergesiedelt und lernte dort ihren späteren Mann kennen. Von 1935 bis 1945 arbeitete Hilde-

30. Geburtstag von Franz Cornelsen, Heirat mit Hildegard, geb. Friedrichs

gard Friedrichs fast ausschließlich als Graphikerin und Texterin für die großen Illustrierten des Verlagshauses Ullstein. Auch nach der Heirat mit Franz Cornelsen veröffentlichte sie ihre Arbeiten unter ihrem Mädchennamen, der bald zu einem Markenzeichen werden sollte. Bereits Ende der dreißiger Jahre war Hildegard Cornelsen-Friedrichs als Zeichnerin für die auflagenstärksten deutschen Modejournale tätig. Als Buchautorin und Illustratorin im Verlag ihres Mannes stand ihr in der Folgezeit eine ähnliche Karriere bevor.

Hildegard Cornelsen in den dreißiger Jahren

Die kultivierte Weltläufigkeit und Internationalität, die Hildegard Cornelsen aus der französischen Metropole nach Berlin mitgebracht hatte, mag ihren Teil dazu beigetragen haben, daß sich in Franz Cornelsen der Entschluß zum Berufswechsel festigte und langsam Gestalt annahm. Der gelernte Naturwissenschaftler war ja zeitlebens kein Technokrat, der sich als ›Homo faber‹ lediglich an der Machbarkeit seiner Projekte orientiert hätte. Seine musische Seite verlangte ebenfalls ihr Recht. Als Schüler hatte Franz Cornelsen ein Klavierstudium begonnen, das sowohl die Harmonielehre als auch Kompositionstechniken umfaßte. Stets hatte er am geistigen Leben nicht nur seines Landes regen Anteil genommen. Und genau diese Seite seines Charakters erfuhr nun durch den Einfluß Hildegard Cornelsens eine nachhaltige Bestätigung.

Der 1994 verstorbene Schauspieler Ernst Schröder, ein langjähriger und enger Freund des Ehepaars Cornelsen, hat stellvertretend für viele die Faszination zum Ausdruck gebracht, die von der einfühlsamen wie pragmatischen Art Hildegard Cornelsens ausgegangen sein muß: »Hilde brachte uns – den Bewohnern der Künstlerkolonie am Breitenbachplatz – den privaten Charme ihrer Pariser Jahre und die Gewißheit, daß außerhalb unserer nationalsozialistischen Grenzen weiterhin eine Welt existierte, für die zu leben sich lohnte: Heiterkeit, die auf Distanz hielt, geistige Eleganz, die sich kühl gab und die eine wohltuende Weile brauchte, um dann wirklich Wärme fühlbar zu machen. Ich erinnere mich der Art, wie sie mir Abbildungen von Matisse-Bildern zeigte, die ersten, die ich je sah, und wie sie darüber selbst zu einer der dargestellten Matisse-Damen wurde.«

Das Ehepaar Cornelsen bewohnte seit 1941 eine Drei-Zimmer-Atelierwohnung in der Laubenheimer Straße 23, zwei Etagen über Ernst Schröder. Die Künstlerkolonie im Bezirk Wilmersdorf bestand aus drei großen Wohnblöcken, die 1927/28 nach Entwürfen von Ernst und Günther Paulus entstanden. Sie waren dafür vorgesehen, Bühnenangehörigen und Schriftstellern preiswerte Wohnungen zu verschaffen. Allein bis 1933 lebten hier über 300 Literaten, Journalisten und Künstler, unter ihnen der Philosoph Ernst Bloch, der Sänger und Schauspieler Ernst Busch oder der Schriftsteller Walter Hasenclever. Zu den

Nachbarn der Cornelsens zählte unter anderen die Schauspielerin Berta Drews, die bis zu ihrem Tod im Jahr 1990 an diversen Berliner Bühnen engagiert war. Den »feldgrauen Mietsalltag« dieses Quartiers, das in seinen Grundzügen noch heute existiert, bereicherte nun Hildegard Cornelsen zu Beginn der vierziger Jahre um jene »Helligkeit« und »Klugheit«, die in Ernst Schröders Augen ihr Wesen ausmachte. Hildegard Cornelsens Charakter stellte eine nahezu perfekte Ergänzung zu den Eigenschaften ihres Mannes dar. Gewiß nicht von ungefähr spricht Schröder in seinen Erinnerungen von der »humorvollen Totalität dieses Paares«. Dem Nachbarn und Weggefährten blieb es auch vorbehalten, die Wesenszüge der Eheleute Cornelsen – halb im Spaß, halb im Ernst – auf den Begriff zu bringen: Verkörperte Franz für Schröder eine »Opalisierende Edelsäule«, deren Leuchtkraft bei aller Willensstärke etwas in sich Ruhendes und Verspieltes behielt, so war Hildegard Cornelsen »Die Hinstellerin«. »Lange bevor sie des Verlegers ›mutigste Gesellschafterin‹ und schließlich Vorstand der Hildegard-Cornelsen-Stiftung wurde, war sie schon eine verlegerische Instanz. Aus der natürlichen Erkenntnis dessen, was zu publizieren nottat, entsprang dann ihr persönlichster Verzicht, nämlich eine durchaus eigene bildnerische Begabung zurückzustellen, um etwas anderes Notwendigeres *hinzustellen*: Jungen Menschen, die so lange eingeschlossen hatten leben müssen, die Grenzen zu öffnen durch eine neue, von ihr selbst bebilderte Sprachlehre für den Englisch-Unterricht.«

Hildegard Cornelsen hat im Jahr 1945 ihren Mann darin bestärkt, seine sichere Stellung als Abteilungsleiter bei Siemens aufzugeben, um Verleger zu werden. Zu offenkundig waren die Defizite im Bildungsbereich, zu lange hatte die eindimensionale Erziehung der jungen Generation angedauert, als daß man einfach zur Tagesordnung übergehen konnte. Das Ehepaar Cornelsen hatte sich vorgenommen, die durch den Nationalsozialismus verursachte Isolation überwinden zu helfen und einen dauerhaften Beitrag zur internationalen Verständigung und Zusammenarbeit zu leisten.

Im Juni 1945, zwei Monate nach dem Kriegsende, wurde Franz Cornelsen Teilhaber des Minerva-Verlags in Berlin. Seine Anteile an dem Unternehmen betrugen fünfzig Prozent. Da sämtliche Bankkonten in der besetzten Reichshauptstadt gesperrt waren, sah sich der werdende Verleger zu einer ungewöhnlichen Maßnahme veranlaßt. Um die erforderliche Summe zu seiner Verlagsbeteiligung aufbringen zu können, verkaufte Franz Cornelsen zwei Objekte, die ihm besonders am Herzen lagen, angesichts des zu erwartenden Verkaufspreises jedoch ›geopfert‹ werden mußten: Entschlossen trennte er sich von seiner »Leica« und einem Bechstein-Konzert-Flügel, die ihm insgesamt 40.000 Reichsmark einbrachten. Bereits im August 1945 erhielt Minerva als einer der ersten Verlage die Lizenz der britischen Militärregierung für die Herausgabe einer Schüler-Monatszeitschrift, die als Ersatz für überholtes Unterrichtsmaterial an die Berliner Schulen gelangte.

Noch im selben Jahr, im Oktober 1945, brachte Minerva ein kleines Lehrbuch mit dem Titel »Wir lernen Russisch« heraus, dessen Illustrationen von Hildegard Cornelsen stammten – eine Erfahrung, die ihr bei ihrer späteren Tätigkeit vor allem in methodischer Hinsicht nützlich sein sollte. Der für das Schulwesen zuständige sowjetische General in Berlin-Pankow erklärte diese anregende und sympathisch gestaltete Publikation aus dem britischen Sektor als verbindlich für die gesamte Sowjetische Besatzungszone. So konnte ein erster, bescheidener Erfolg verzeich-

Eine Doppelseite aus »Wir lernen Russisch«

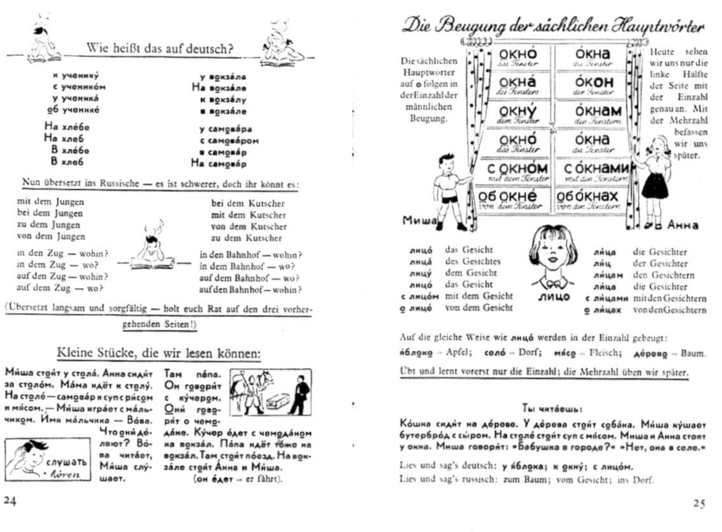

Wie heißt das auf deutsch?

к ученику́
с ученико́м
у ученика́
об ученике́

На хле́бе
На хлеб
В хле́бе
В хлеб

у вокза́ла
На вокза́ле
к вокза́лу
в вокза́ле

у самова́ра
с самова́ром
в самова́р
На самова́р

Nun übersetzt ins Russische — es ist schwerer, doch ihr könnt es:

mit dem Jungen
bei dem Jungen
zu dem Jungen
von dem Jungen

bei dem Kutscher
mit dem Kutscher
von dem Kutscher
zu dem Kutscher

in den Zug — wohin?
in dem Zug — wo?
auf den Zug — wohin?
auf dem Zug — wo?

in den Bahnhof — wohin?
in dem Bahnhof — wo?
auf dem Bahnhof — wo?
auf den Bahnhof — wohin?

(Übersetzt langsam und sorgfältig — holt euch Rat auf den drei vorhergehenden Seiten!)

Kleine Stücke, die wir lesen können:

Ми́ша стои́т у стола́. Анна сиди́т за столо́м. Ма́ма идёт к столу́. На столе́ — самова́р и суп с ри́сом и мя́сом. — Ми́ша игра́ет с ма́льчиком. И́мя ма́льчика — Во́ва. Что они́ де́лают? Во́ва чита́ет, Ми́ша слу́шает.

слушать · hören

Там па́па. Он говори́т с ку́чером. Они́ говоря́т о чемода́не. Ку́чер е́дет с чемода́ном на вокза́л. Па́па идёт то́же на вокза́л. Там стои́т по́езд. На вокза́ле стоя́т А́нна и Ми́ша.
(он е́дет – er fährt).

24

Die Beugung der sächlichen Hauptwörter

Die sächlichen Hauptwörter auf о folgen in der Einzahl der männlichen Beugung.

окно́ das Fenster — о́кна die Fenster
окна́ des Fensters — о́кон der Fenster
окну́ dem Fenster — о́кнам den Fenstern
окно́ das Fenster — о́кна die Fenster
с окно́м mit dem Fenster — с о́кнами mit den Fenstern
об окне́ von dem Fenster — об о́кнах von den Fenstern

Heute sehen wir uns nur die linke Hälfte der Seite mit der Einzahl genau an. Mit der Mehrzahl befassen wir uns später.

Миша — Анна

лицо

лицо́ das Gesicht
лица́ des Gesichtes
лицу́ dem Gesicht
лицо́ das Gesicht
с лицо́м mit dem Gesicht
о лице́ von dem Gesicht

ли́ца die Gesichter
ли́ц der Gesichter
ли́цам den Gesichtern
ли́ца die Gesichter
с ли́цами mit den Gesichtern
о ли́цах von den Gesichtern

Auf die gleiche Weise wie лицо́ werden in der Einzahl gebeugt:
я́блоко – Apfel; село́ – Dorf; мя́со – Fleisch; де́рево – Baum.

Übt und lernt vorerst nur die Einzahl; die Mehrzahl üben wir später.

Ты чита́ешь:

Ко́шка сиди́т на де́реве. У де́рева стои́т соба́ка. Ми́ша ку́шает бутербро́д с сы́ром. На столе́ стои́т суп с мя́сом. Миша и Анна стоят у окна. Миша говори́т: »Бабушка в городе?« »Нет, она в селе.«

Lies und sag's deutsch: у я́блока; к окну́; с лицо́м.
Lies und sag's russisch: zum Baum; vom Gesicht; ins Dorf.

25

net werden. Die Fibel wurde schließlich für die Schuljahrgänge fünf, sechs und sieben in einer Auflage von 850.000 Exemplaren als Lizenzausgabe für den volkseigenen Ostberliner Verlag Volk und Wissen gedruckt.

In die Zeit der Projektplanung für das Russisch-Lehrbuch fällt die erste Bekanntschaft mit Anne Felske, die über einen Zeitraum von achtzehn Jahren, von 1946 bis 1964, für den Cornelsen Verlag lebte und arbeitete. »Der Krieg war endlich zu Ende«, notierte die Witwe eines Soldaten später in ihren Erinnerungen an den Mai 1945. »Mehr oder weniger dienstverpflichtet arbeitete ich damals im Volksbildungsamt Wilmersdorf. Zu den schwierigen Aufgaben der ersten Wochen nach dem Kriegsende gehörte die Einstufung für die Ausgabe der Lebensmittelkarten. In der ersten Maihälfte 1945 meldeten sich in unserer Dienststelle viele in Wilmersdorf lebende Künstler, ›Kunstschaffende‹ wie der schöne amtliche Ausdruck lautete. Dabei spielte die große Künstlerkolonie am Breitenbachplatz eine bedeutende Rolle. (...) Eines Tages fiel mir eine schlanke junge Frau auf, die sich schüchtern im Hintergrund hielt und von den anderen Bewerbern um den begehrten Schein immer wieder an die Seite gedrängt wurde. Schließlich holte ich sie an meinen Tisch, um mich ihr zu widmen. Es war Hildegard Cornelsen-Friedrichs. Diese Geschichte erzähle ich, weil sie für Hildegard Cornelsen symptomatisch war. Schon damals war sie eine bekannte Graphikerin und Modezeichnerin. Aber sie hielt sich in ihrer großen Bescheidenheit am liebsten im Hintergrund.«

Was als Begegnung in der Schalterhalle begann, wurde bald darauf zum Beginn einer langen und intensiven Zusammenarbeit. Denn als Franz Cornelsen im Februar 1946 aus dem Minerva-Verlag ausschied, nachdem die Bemühungen um die Herausgabe einer Tageszeitung im britischen Sektor am Einspruch der neuen Londoner Labour-Regierung gescheitert waren, wurde Anne Felske zur ersten Mitarbeiterin des Cornelsen Verlags. Die Entscheidung, einen eigenen Schulbuchverlag ins Leben zu rufen, muß ungefähr zeitgleich zur Abgabe der Gesellschafteranteile bei Minerva gefallen sein. Schon am 11. März 1946 hatte Franz Cornelsen vom Bezirksamt Wilmersdorf die Gewerbeerlaubnis für sein Unternehmen erhalten. Wenig später meldete sich der zuständige Kultur-Offizier der britischen Militärregierung, ein Major Walker (im Zivilleben Drucker in Liverpool), um endgültig grünes Licht zu geben: Der Franz Cornelsen Verlag könne unmittelbar nach Aushändigung der Lizenz mit der Arbeit beginnen.

So wurde der 26. April 1946 zur Geburtsstunde eines Unternehmens, das sich im Verlauf der folgenden fünfzig Jahre zum führenden deutschen Schulbuchverlag entwickeln sollte. Anne Felske wurde nach eigenem Bekunden »als dritter Mann« in die Drei-Zimmer-Wohnung in der Laubenheimer Straße 23 aufgenommen, die in den Jahren 1946 bis 1949 als Sitz des Verlags diente. »Ich habe in dieser Zeit nicht nur mit Cornelsens zusammengearbeitet, sondern in unmittelbarer Nähe gelebt, im Zimmer neben Hildegard Cornelsen und dann viele Jahre mit ihr im selben Zimmer. Es waren dramatische Jahre. Rückblickend kann man sich die Entwicklung dieser Zeit kaum noch vorstellen, die materielle Armut, den geistigen Reichtum, die Kameradschaftlichkeit.«

Materielle Armut und geistiger Reichtum – eine schöne Formel, um die Zustände jener Gründerjahre zu charakterisieren. Berlin lag in Trümmern, und auch das Haus in der Künstlerkolonie war durch Bombenangriffe schwer beschädigt worden. »Als ich dem berühmten Verleger Sir Stanley Unwin aus London im Herbst 1946 die Tür aufmachte«, erinnert sich Anne Felske, »stand er mit aufgespanntem Regenschirm vor der Tür: So stark regnete es noch ins Treppenhaus.« Eine handschriftliche Kalkulation Franz Cornelsens dokumentiert den Brennstoff-Notstand, mit dem man sich in dieser Zeit auseinanderzusetzen hatte: »25 Ztr. Kohlen für drei Verlagsräume; Heizausgaben dürfen RM 600 je Monat – 10 Ztr. Briketts nicht überschreiten; Der große Raum kann höchstens viermal i.d. Woche geheizt werden Mo-Di-Do-Fr.«

Eine erste Bilanz der Gründungsmonate, allem Anschein nach von Anne Felske am 5. Juli 1946, dem Tag der handelsgerichtlichen Eintragung des Verlags, in die Maschine gegeben, gibt Aufschluß über die Raumaufteilung in der Laubenheimer Str. 23: »Zu der ab 1. Mai 1946 ständig im Verlag tätigen Chronistin (Anne Felske) wurde jetzt ein junges Mädchen (Helga Minther) eingestellt, um die wachsende Arbeit zu bewältigen.

MILITARY GOVERNMENT-GERMANY

MILITÄRREGIERUNG DEUTSCHLAND

INFORMATION CONTROL - NACHRICHTENKONTROLLE

LICENSE

ZULASSUNG NR. GB. 108.B

1. Subject to the conditions set forth in Paragraph 2, the following-named person

1. Gemäß den im Paragraph 2 festgesetzten Bedingungen, ist die folgende Person

F R A N Z   C O R N E L S E N

hereinafter referred to as "licensee" is authorized to engage in the following activities:

welche im Nachfolgenden als „Zulassungsinhaber" bezeichnet wird, autorisiert, folgende Tätigkeit auszuführen:

PUBLICATION OF BOOKS ONLY

AUSSCHLIESSLICH VON BÜCHERN

2. This license is granted subject to the following conditions:

2. Diese Zulassung ist erteilt unter folgenden Bedingungen:

a) That all laws, ordinances, regulations and instructions of Military Government are complied with.

b) That this license be prominently displayed on the premises of the licensee at all times.

c) That all newspapers, ~~books~~, periodicals, pamphlets, posters, ~~printed music~~ or other publications, sound recordings or motion picture films published or produced under this license shall bear in such manner as may be prescribed the legend: Published (or produced) under Military Government Information Control License No. GB. 108.B

d) That no person, not reported on the application for this license as having a financial interest in the business enterprise conducted under this license, shall be given nor shall receive any part of the profits of the business enterprise, nor shall any interest in the business enterprise be held for any such person, except with the express written permission of Military Government.

e) Other conditions:

a) Daß alle Gesetze, Verordnungen, Vorschriften und Anweisungen der Militärregierung befolgt werden.

b) Daß diese Zulassung im Betrieb des Zulassungsinhabers jederzeit öffentlich angeschlagen ist.

c) Daß sämtliche Zeitungen, ~~Bücher~~, Zeitschriften, Broschüren, Plakate, ~~Musikalien~~ oder irgendwelche andere Veröffentlichungen, ebenso Schallplatten und sonstige Tonaufnahmen und Filme, die gemäß dieser Zulassung hergestellt oder veröffentlicht werden, folgende Aufschrift in vorgeschriebener Weise tragen: „Veröffentlicht (oder hergestellt) unter der Zulassung Nr. ... der Nachrichtenkontrolle der Militärregierung".

d) Daß keine Person, die nicht in diesem Gesuch als an diesem Geschäftsunternehmen finanziell interessiert eingetragen ist, irgendeinen Anteil an dem Nutzen aus dem Geschäftsunternehmen erhält; ferner, daß kein finanzieller Anteil an dem Geschäftsunternehmen für eine im Gesuch nicht erwähnte Person ohne ausdrückliche schriftliche Erlaubnis der Militärregierung zurückbehalten wird.

e) sonstige Bedingungen:

AS LAID DOWN IN INFORMATION SERVICES CONTROL INSTRUCTIONS TO LICENSED PUBLISHERS (FORM "PUBS 1") AND ANY FURTHER INSTRUCTIONS WHICH MAY BE ISSUED FROM TIME TO TIME.

GEMÄSS DEN ANWEISUNGEN AN VERLEGER, DIE EINE VERLAGSZULASSUNG INNEHABEN (INFORMATION SERVICES CONTROL FORMULAR: "PUBS 1"), UND SONSTIGEN ANWEISUNGEN, DIE IN ZUKUNFT VERÖFFENTLICHT WERDEN MÖGEN.

3. This license is not granted for a stated term, is not a property right, is not transferable and is subject to revocation without notice or hearing.

3. Diese Zulassung wird für keine bestimmte Zeitfrist erteilt und stellt kein Eigentumsrecht dar; sie ist nicht übertragbar und kann ohne Kündigungsfrist oder Untersuchung rückgängig gemacht werden.

4. AUTHORISED TO USE THE ADDITIONAL IMPRINT OF "TERRA" VERLAG

Gegenüber: Eine Ankündigung aus dem Sommer 1946

Dadurch werden die schnellen Spurts der Chronistin zur Tür, wenn es klingelt, wegfallen. Wir sitzen immer noch in der Privatwohnung von Herrn Cornelsen. Im Wohnzimmer sitzt die Chronistin, Herr Cornelsen arbeitet am Eßtisch im Speisezimmer und Frl. Minther wurde in Dirk Cornelsens Zimmer einquartiert. Dirk wird von jetzt ab im Wohnzimmer auf dem Sofa schlafen, so daß die Chronistin immer bis 19:30 das Zimmer räumen muß. Der reinste Schlafwagenbetrieb! Gottseidank haben wir keine Lichtschwierigkeiten, weil unser Block an das englische Lichtnetz angeschlossen ist. Der ganze Häuserblock Südwestkorso, Laubenheimer Straße, Markobrunner Straße, Geisenheimer Straße wird von englischen Familien bewohnt, die keine Stromsperren kennen. Davon profitieren wir.«

Die Ziele des jungen Unternehmens, dessen Besitzanteile anfangs zu sechzig Prozent bei Franz Cornelsen, zu vierzig Prozent bei dem Papierexperten Arno Levy lagen, bestanden im Jahr 1946 in der Publikation schöngeistiger Literatur, geisteswissenschaftlicher Werke sowie fremdsprachlicher Schullektüren. Arno Levy war über die Britische Militärregierung auf den Cornelsen Verlag aufmerksam geworden. Als Fachmann auf dem Gebiet der Buchherstellung wurde er in der von Rohstoffknappheit geprägten Gründungsphase zu einem der wichtigsten Aufbauhelfer. Neben der Sorge um die Beschaffung der Rohmaterialien standen Besuche von Druckern und Buchbindern auf der Tagesordnung, ehe schließlich die renommierte Binderei Kämmerer für eine dauerhafte Zusammenarbeit gewonnen werden konnte. Die Chronik der ersten Jahre verzeichnet erleichtert: »Das ist ein großer Schritt vorwärts.«

Wurde bei der Formulierung der Unternehmensziele zunächst auch ein großer thematischer Bogen geschlagen, so konzentrierte man sich im Hause Cornelsen doch von Anfang an auf die Entwicklung englischsprachiger Bücher für die Volksschulen. Hier lagen die Schwerpunkte der Verlagsarbeit. 1946 begann Hildegard Cornelsen gemeinsam mit Kurt Spangenberg und einem Stab fachkundiger Anglisten mit der Arbeit an einem Lehrbuch, dessen erster Band zwei Jahre später erschien: »Peter Pim and Billy Ball« – mit Sicherheit ein Meilenstein in der Entwicklung des elementaren Englisch-Unterrichts – enthielt

FRANZ CORNELSEN-VERLAG
BERLIN-WILMERSDORF • LAUBENHEIMER STR. 23
LIZENZ DER BRIT. MIL. REG. C B 108 B

FERNSPRECHER: 97 94 60
BANKKONTO: BEZIRKSBANK
WILMERSDORF, UHLANDSTR.122
POSTSCH.-KONTO: BERLIN 270246

In Kürze lieferbar

OSCAR WILDE: **The Devoted Friend and Other Tales**
(in englischer Sprache)

Format DIN A 5, Umfang 56 Seiten, Kartonumschlag durch den Rücken gedrahtet. Ladenpreis RM 1,20. • Für den Sortimentsbuchhandel (Mindestabnahme 10 Stck.) abzügl. $33\frac{1}{3}$ % Rabatt.

WÖRTERBUCH ZU **The Devoted Friend and Other Tales**

Format DIN A 5, Umfang 16 Seiten. Preis RM —,45. • Für den Sortimentsbuchhandel (Mindestabnahme 5 Stck.) abzügl. $33\frac{1}{3}$ % Rabatt.

Unser Verlag, der erst vor kurzem die Lizenz der zuständigen Militärbehörde erhalten hat, bringt zur Linderung des bestehenden Mangels an guter fremdsprachlicher Lektüre vorab einige Lesehefte für Schule, Selbstunterricht und Unterhaltung heraus. • Das vorliegende Textheft enthält vier der schönsten Märchen von Oscar Wilde (Devoted Friend, Happy Prince, Remarkable Rocket und Selfish Giant). Die sprachliche Präzision bei sparsamster Wahl der Mittel, die Geschliffenheit des Dialoges, die Tiefe der Gedanken — hier ohne die irisierenden Lichter anderer Werke des Dichters — dieser Erzählungen sind bekannt. • Die Märchen richten sich ebenso an junge wie an reife Menschen und — das ist wichtig — an Menschen verschiedener Fortschrittsgrade in der Sprachkenntnis. • Das Textheft ist in großer, leicht leserlicher Schrift (Garamond) gesetzt und mit geschmackvollem Umschlag ausgestattet. • Das Wörterbuch enthält auch verhältnismäßig einfache Worte, so daß sogar Anfänger das Heft mit Vorteil benutzen können.

Die Auslieferung beginnt im Juli 1946. • Wegen des Mangels an Verpackungsmaterial ist Versand über die Bestellanstalt noch nicht möglich. Wir bitten um Ihre schriftliche Bestellung. Die Lieferung erfolgt gegen bar. Der genaue Zeitpunkt der Lieferung und die Auslieferungsstellen werden Ihnen noch bekanntgegeben, sobald Ihre Bestellung vorliegt.

Wir sind zur Zeit mit dem Aufbau unseres Unternehmens noch so stark beschäftigt, daß Sie gewiß Verständnis für unsere Bitte haben werden, von persönlichen Besuchen und telefonischen Rücksprachen Abstand zu nehmen. Wir glauben, auch in Ihrem Interesse zu handeln, wenn wir unsere Kraft darauf konzentrieren, gute Bücher (insbesondere schöngeistige Werke) in ausreichender Menge und zu vernünftigen Preisen herzustellen.

Druckhaus Tempelhof E 16.1000.7.46.A

bereits all das, was nach Ansicht des Verlegers »zum Schulbuchmetier gehört: eine klare Konzeption, Einfühlung in die Psyche des lernenden Kindes, Sorgfalt bis in das kleinste Detail und didaktische Hilfen für junge Lehrerinnen und Lehrer«. Hiervon später mehr.

Die erste Publikation jedoch, die Franz Cornelsen als Leiter seines eigenen Verlags auf den Markt brachte, war eine Sammlung mit Erzählungen des irischen Schriftstellers Oscar Wilde, »The Devoted Friend and other Tales«. Ein stolzer Augenblick für den Vier-Personen-Betrieb in Wilmersdorf. »Drei Tage nach Eintreffen der ›warmen‹ Bücher aus der Druckerei waren wir restlos ausverkauft. Die Buchhändler reißen uns die Bücher förmlich aus der Hand, und auf diese Weise kam schnell Geld in unsere Kasse.« Nur einen Monat später, im August 1946, erschien als zweiter Band des Verlagsprogramms »Yoricks empfindsame Reise« von Laurence Sterne. Der Titel ging auf einen Vorschlag Ernst Schröders zurück, wie überhaupt das geistige Umfeld der Künstlerkolonie einen nicht zu unterschätzenden Anteil an den belletristischen Zielsetzungen des Verlags erbracht haben dürfte. Kurz vor Weihnachten 1946 kamen schließlich die ersten Exemplare einer Anthologie heraus, die Friedrich Maurer vom Deutschen Theater in Berlin zusammengestellt hatte: das »Buch der Lyrik«, eine ausgezeichnete Sammlung klassischer und moderner Gedichte.

Das »Buch der Lyrik« wurde nicht nur aufgrund der hervorragenden Textauswahl zu einem großen Erfolg, sondern auch wegen seines klassisch-einfachen Einbands, für dessen Gestaltung Else Driesen verantwortlich zeichnete. Nach ihrem Entwurf für »Yoricks empfindsame Reise« arbeitete sie ausschließlich für den Cornelsen Verlag – obwohl ihre innovativen Ideen zunächst auch einige Nachteile mit sich brachten: »Sie macht auch die Umschläge für unsere zweisprachigen Ausgaben der Werke von Oscar Wilde, die *so* modern sind, daß wir nicht sicher sind, ob sie allgemein gefallen werden«, heißt es im August 1946. Ende des Monats wurde mit Irene Zeidler bereits die vierte Mitarbeiterin in die ohnehin überfüllten Verlagsräume aufgenommen. »Sie residiert«, so die lakonische Anmerkung von Anne Felske, »zusammen mit Helga Minther in Dirks ehemaligem

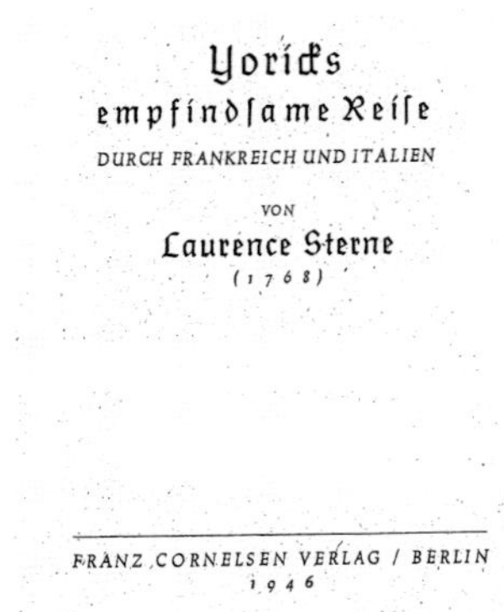
Yoricks
empfindsame Reise
DURCH FRANKREICH UND ITALIEN
VON
Laurence Sterne
(1768)

FRANZ CORNELSEN VERLAG / BERLIN
1946

»Yoricks empfindsame Reise«: das Frontispiz (oben) und der Haupttitel

OSCAR WILDE

THE DEVOTED FRIEND AND OTHER TALES

FRANZ CORNELSEN VERLAG · BERLIN

Der erste Sitz des Verlages, 1946–1949: Laubenheimer Straße 23

(halben) Zimmer, wo immer noch Frau Cornelsens Kleiderschrank stehen muß, und wenn Frau Cornelsen mal ein Kleid aus dem Schrank nehmen will, müssen die beiden Mädchen das Feld räumen. Aber mit viel Humor geht alles.«

Zu den ersten belletristischen Titeln gehörte auch Hertha von Gebhardts »Christian Voß und die Sterne«, ein Roman, der ein jüdisches Schicksal im ›Dritten Reich‹ zum Thema hatte. Daneben brachte Franz Cornelsen eine Anzahl geisteswissenschaftlicher Abhandlungen heraus, darunter Übersetzungen von Aldous Huxleys Essayband »Ends and Means« (Ziele und

Wege) aus dem Jahr 1938, der gerade für deutsche Verhältnisse lehrreiche Themen wie das Staatswesen, die Sozialreform, Dezentralisierung und Selbstverwaltung zum Gegenstand hatte. Hinzu kamen Bertrand Russells »Freedom and Organization« (Freiheit und Organisation, 1934), eine Analyse gesellschaftlicher und geistiger Tendenzen im neunzehnten Jahrhundert, sowie Nicolai Berdjajews kulturkritische Schrift »Mensch und Technik« (1943). Publikationen allesamt, die eng mit den gesellschaftlichen und sozialen Anliegen des Verlegers korrespondierten. Abgesehen davon, daß diese Titel bis heute kaum etwas von ihrer Aktualität eingebüßt haben, stellten sie eine sinnvolle Ergänzung des frühen Verlagsprogramms dar. Eines Programms, das im Ganzen wie ein geistiges Aufatmen nach Jahren der Entbehrung erscheint.

Wichtiger als die schöngeistige Literatur war Franz Cornelsen in dieser Zeit die Publikation von Werken, die eine intellektuelle Herausforderung darstellten und in geistiger Hinsicht Akzente setzten. Neben Autoren wie Russell, Huxley und Berdjajew wäre hier die Reihe »Europäische Komödien« zu nennen, für die Ernst Schröder als Herausgeber verantwortlich zeichnete. Sie enthielt nur solche Stücke, die als literarisch wichtig angesehen wurden und gesellschaftskritische Themen behandelten. »Kein Geschäft«, heißt es dazu von seiten der Verlagsmitarbeiter, »aber eine schöne Aufgabe!«

»Warum verleihen anhaltende Jahre der Entbehrung dem Individuum eine Kraft und Ausdauer für das weitere Leben, die es offenbar im andauernden Wohlstand nicht geben kann? Wir waren in besonderer Weise aufgeschlossen für das Neue und auch für das Weltweite, ohne große Reisen unternehmen zu können. Damals reisten wir mit unseren Gedanken in den Reichtum der Bücher, ›Of Human Bondage‹ und ›Main Street‹ gaben unserem Alltag eine große Schubkraft. Diese Schubkraft der damaligen Jahre hat wohl einen wesentlichen Anteil an der rastlosen Freude der ›Wirtschaftswundermänner‹ in der Zeit nach dem Zweiten Weltkrieg. Dieses Phänomen war zumindest in Berlin kein Zeichen von Raffgier und Reichtumsstreben, es war Glück und Erfüllung beim Aufbau eines gut funktionierenden eigenen Betriebes und der Volkswirtschaft.« So Franz Cornelsens schriftlicher

Rückblick wenige Tage vor seinem Tod im Oktober 1989. Schlüssiger läßt sich die geistige Dynamik, die »Schubkraft« der Gründerjahre seines Verlagshauses kaum zusammenfassen. Man kann sich leicht vorstellen, daß das junge Unternehmen bei einem solchen Pensum bereits in seinen ersten Monaten eine Expansion zu verzeichnen hatte, die rasch an die Grenzen des Machbaren führte. Das Risiko hatte sich ausgezahlt, weil das Konzept, mit dem man angetreten war, stimmte. Ein durchdachtes Angebot stieß auf ein Publikum, das nach Jahren der Enthaltsamkeit einen berechtigten Nachholbedarf an geistigen Gütern hatte. Zwar waren die Aufbauarbeiten gegen Ende des Jahres 1946 in vollem Gange. Doch schien zumindest die erste Etappe erfolgreich gemeistert. Der junge und ambitionierte Verlag hatte nicht nur Pionierarbeit geleistet, er verfügte bereits über ein erkennbares Profil, das sich in der Folgezeit immer deutlicher entwickelte. Die Geburt eines Verlagshauses aus dem Geiste der Völkerverständigung durfte als geglückt angesehen werden.

Eines der dringlichsten Probleme, die aus der raschen Expansion des jungen Verlages resultierten, bestand in der Auslieferung. Diese hatte bereits gegen Ende des Jahres 1946 einen solchen Umfang angenommen, daß der Vertrieb der Bücher nicht mehr länger von der Drei-Zimmer-Wohnung in der Laubenheimer Straße aus bewältigt werden konnte. Denn neben den beengten räumlichen Verhältnissen kam erschwerend hinzu, daß die Wohnung in der dritten Etage lag, was die Transportwege jedesmal zu einer regelrechten Plackerei machte. So war Franz Cornelsen erleichtert, in der neugegründeten Zwischenbuchhandlung Müller & Müller einen verläßlichen Partner gefunden zu haben, um die vom Buchhandel geforderten Titel in die Sortimente zu bringen. Die Zusammenarbeit mit den Herren Müller, die weder Brüder noch sonstige Verwandte waren und überdies auch noch von einer Buchhalterin namens Elfie Müller unterstützt wurden, begann Anfang 1947. Ihr Betrieb befand sich in einem stark zerstörten Gebäudekomplex der ehemaligen Zollverwaltung unweit des Lehrter Bahnhofs.

»Wir haben uns wie Münchhausen am eigenen Schopf aus dem Sumpf gezogen.«
JAHRE DES AUFBAUS 1947–1954

Franz Cornelsen, Ende der vierziger Jahre

In den ersten Nachkriegsjahren überhaupt einen guten und zuverlässigen Auslieferer zu finden, gestaltete sich schwierig genug – waren doch die handelsüblichen Abläufe und Verkehrswege im zerstörten Berlin weitgehend zum Erliegen gekommen. Allenthalben, nicht nur im Hause Cornelsen, war man auf Improvisationen angewiesen. Planungssicherheit schien unter diesen Vorzeichen kaum möglich. Es regierte das Prinzip Hoffnung, ein verhaltener Optimismus, der einzig durch den Aufbauwillen und die Schaffenskraft der jungen Unternehmer gerechtfertigt werden konnte. Ihre Entschlossenheit war in jenen Jahren der einzige Garant für eine Zukunft, die nebulös und ungewiß erschien. »Hoffentlich kann sich das Unternehmen halten«, verzeichnet die Chronik des Cornelsen Verlags im Hinblick auf den neu gewonnenen Vertriebspartner. »Da aber zur Zeit in Berlin nur die Firma Globig ausliefert, die doch schon ein wenig antiquiert arbeitet, stehen die Chancen zumindest gut.«

Welch hoher Stellenwert der Persönlichkeit des Unternehmers beim Aufbau eines Verlages zugemessen wurde, geht eindrucksvoll aus einem Artikel hervor, den die Journalistin Leonharda Gescher-Ringelnatz im Herbst 1949 über die »Entthronte Bücherstadt« Berlin verfaßte. Fast hat es den Anschein, als sei ihr Beitrag für den Band »Berlin lebt!« nach einem Besuch in den Räumen des Cornelsen Verlags entstanden – so genau entsprach die dortige Situation ihrer allgemeinen Bestandsaufnahme. »Wenn Sie, lieber Leser, einen für Berlin typischen Verleger besuchen wollen«, heißt es einleitend im vertraulichen Duktus dieser Zeit, »müssen Sie sich auf sehr primitive Verhältnisse gefaßt machen. Die Kinder des Verlegers schreien im Nebenzimmer, im Vorzimmer gruppieren sich Sekretärin, Stenotypistin und Lehrling um den Ofen, dessen Rohr immer noch zum Fenster hinausgeleitet ist. Die Frau des Verlegers kommt aus der Küche, um sich mit bewundernswerter Elastizität vom Kochherd auf die Schreibmaschine, auf Korrekturbogen und sogar auf Palette und Zeichentisch umzustellen. Es gibt kein Chefbüro mit Klubsesseln, kein Auto vor der Tür, aber das Fahrrad des Chefs steht im Hausflur. Dennoch handelt es sich hier nicht um simple Proletarisierung. Ein gutes Bild an der Wand, eine Plastik auf dem Schreibtisch und die mit Büchern gefüllten Bretterregale geben dem Büro, das gleichzeitig Wohnzimmer der Familie ist, die kultivierte Note, die dem Verleger als Mittler von Geistesgütern entspricht ...«

Solche Beobachtungen geben nicht allein Aufschluß über die ökonomischen Bedingungen eines typischen Berliner Verlags in den späten vierziger Jahren; sie veranschaulichen über das spärliche Interieur zugleich auch die Geisteshaltung, mit der sich die »betrogene« Generation an die Aufbauarbeit machte. In einer reduzierten und sachlich-strengen Lebensführung, die im bewußten Verzicht auf schmückende Ausstattungselemente die Erinnerung an das Blendwerk der Diktatur lebendig erhielt, wurde die materielle Not zum Zeichen moralischer Tugend. Bis in die fünfziger Jahre hinein war das Credo der Nachkriegsgeneration, sich durch Luxus nicht korrumpieren zu lassen, sondern geistige Klarheit und Integrität zu dokumentieren, an ihren Wohnungseinrichtungen abzulesen. Auch in dieser Hinsicht war der junge Cornelsen Verlag ein Kind seiner Zeit.

Daß dem Ehepaar Cornelsen nicht an einem schnellen und vordergründigen Vergessen der zurückliegenden Ereignisse im neuen Wohlstand gelegen war, verdeutlicht unter anderem die anspruchslose Bescheidenheit ihres Auftretens. Die selbstgestellte Aufgabe – »der Geist, nicht die Materie« – stand nach eigenem Bekunden im Zentrum ihrer Tätigkeit. »Es würde sich lohnen«, fährt Leonharda Gescher-Ringelnatz fort, »eine Bildreihe von Berliner Verlegerköpfen zusammenzustellen, um zu beweisen, daß auch im schäbigen Anzug eine Persönlichkeit steckt: Geist, künstlerische Sensibilität, Mut, Standhaftigkeit und Tatkraft leben hier personifiziert in einem Berlin, das als sehr einsame Insel in der Weltkrise kämpft.« Was hier ein wenig pathetisch vorgetragen wird, entspricht präzise den Überzeugungen, die Franz und Hildegard Cornelsen in den späten vierziger Jahren an den Tag legten: Mit ihrer Arbeit im Dienste der Sache ging eine habituelle Zurückhaltung einher, der die Mitarbeiter immer wieder Respekt zollten.

Franz Cornelsen trug zwar keine »schäbigen Anzüge«, orientierte sich jedoch stets an der Notwendigkeit seiner Anschaffungen. »Sie sagten«, schreibt Anne Felske in einem Brief vom 29. März 1947, »daß man sich schämen müsse wegen der Höhe der Ausgaben. Es ist nicht nötig, daß Sie sich deswegen Gedanken machen – und *daß* Sie sich Gedanken machen, dessen bin ich sicher. Sie hatten diesen Monat öfter als sonst geschäftlichen Tee-Besuch und können sich leicht ausrechnen, was diese Besuche kosten. Außerdem ist es doch *Ihr* Geist, *Ihre* Tatkraft, *Ihre* Erfindungsgabe und vor allem – *Ihr* Risiko, das den Verlag am Laufen hält und überhaupt erst zum Laufen brachte. Da ist es nach meiner Ansicht nur recht und billig, daß Sie einen entsprechend großen Verbrauch haben. Es wird immer Menschen geben, die mehr haben als die meisten anderen, und es wäre sehr tröstlich, wenn es immer Menschen wie Sie wären.«

Ein aus dem Alltag gegriffenes Porträt des Verlegers als sparsamer Mann, das stellvertretend für die von der Not diktierten Handlungsprämissen der frühen Jahre stehen mag. Franz Cornelsen war gewiß kein kleinlicher Mensch. Er hatte die Entbehrungen des Krieges am eigenen Leibe erfahren. Deshalb brachte er, wie viele seiner Zeitgenossen, selbst den alltäglichsten Dingen

Anne Felske,
die erste Mitarbeiterin von Franz und Hildegard Cornelsen

eine besondere Wertschätzung entgegen. Das gleiche gilt für Hildegard Cornelsen, deren schlichtes, bescheidenes, beinahe ›unsichtbares‹ Auftreten oft beschrieben wurde. Meist trug sie eine einfache Bluse, einen grauen Glockenrock, darüber eine große blaue Schürze. Selbst im Verlag zog sie es vor, sich im Hintergrund zu halten. »Nur wenn wir in den damaligen mehr als kargen Zeiten«, vermerkt Anne Felske, »unsere bescheidenen Feste feierten (z. B. den ersten Jahrestag der Firmengründung), zauberte sie mit den einfachsten Mitteln hübsch aussehende, sehr gut schmeckende Gerichte, deren Zutaten sie sich buchstäblich vom Munde absparte. (...) Nach dem Kriege, als es noch überall knapp zuging, hatte sie schon ein schlechtes Gewissen, als sie sich einen längst fälligen warmen Wintermantel kaufte. Sie kam sich ungerecht bevorzugt vor, wenn sie nicht für alle anderen auch etwas tun konnte.«

Franz Cornelsen praktizierte – ohne es selbst so zu nennen – das, was wir heute verhaltensorientiertes Management nennen. In schwierigen Zeiten war er ein Vorbild an Disziplin und Verantwortungsbewußtsein, das seine motivierende Wirkung auf die übrigen Mitarbeiter nicht verfehlte. Gerade unter den Vorzeichen einer allgemeinen Krise des Buchmarktes war es für die Entwicklung des Verlags überaus wichtig, einen überzeugten und überzeugenden Kopf an der Spitze zu haben. Cornelsen verfügte über Visionen und Führungsqualitäten, ohne sie auf autoritäre Art und Weise umzusetzen. Seine Mitarbeiter verstanden sich selbst als die Mannschaft eines Schiffes, dessen Seetüchtigkeit vom Kapitän ebenso wie vom Steuermann oder Matrosen abhängt. Der Erfolg resultierte aus dem abgestimmten Zusammenspiel aller Beteiligten – und somit aus einer intakten Unternehmensidentität. »Ein Schulbuchverlag«, erklärte Franz Cornelsen noch viele Jahre später, »hat den riesigen Vorteil der Individualität für fast alle Mitarbeiter, einer schöpferischen und handwerklichen Individualität. Jeder arbeitet im Bereich der Redaktion und der Herstellung an einer Aufgabe entweder allein oder in einer kleinen Gruppe, und doch sind wir eine lebende Gemeinschaft, in der bei aller Individualität einer auf den anderen angewiesen ist.«

Trotz der angespannten ökonomischen Lage, die sich in der Folgezeit weiter zuspitzen sollte, zeichneten sich im Verlauf des

Jahres 1947 Ansätze einer Stabilisierung ab. Das Arbeitspensum jedes einzelnen Mitarbeiters nahm derart zu, daß sich Franz Cornelsen nach neuen Kräften umsehen mußte. Für Lektorats- und Bibliotheksarbeiten konnte ein ehemaliger Studienrat für Deutsch und Geschichte gewonnen werden, der seit Ende des Krieges in einem Kohlenmeiler am Funkturm gearbeitet hatte. Im selben Jahr ging im Verlag eine Anfrage ein, die durch ihr schönes Schriftbild angenehm auffiel: Ein junger Mann wollte wissen, ob man »einen tüchtigen arbeitswilligen Menschen mit Abitur und Dolmetscherexamen« gebrauchen könne.

Hans-Herbert Kannegießer, so hieß der junge Mann mit der schönen Handschrift, war ein begeisterter Literaturmensch, der auch während des Krieges »seinen Rilke« im Tornister mit sich führte. Er wurde im Sommer 1947 zunächst für »literarische Hilfsarbeiten« eingestellt, wenig später jedoch auch mit Herstellungsaufgaben betraut. Kannegießer war der erste in einer Reihe von Generalisten und Autodidakten, die maßgeblich am Aufbau des Cornelsen Verlags mitgewirkt haben. Wie der Verleger selbst waren sie Branchenneulinge, die noch am Anfang ihres Berufsweges standen. Was sie jedoch mitbrachten, war ein hohes Maß an Idealismus für die gemeinsame Sache. »Sie haben nicht nur alles gelernt«, schrieb Franz Cornelsen rückblickend über jenen Typus des unerfahrenen, aber begeisterten Schulbuchmachers, »sie haben auch alles gut gelernt: All das, was man von Betriebswirtschaftslehre, von Management, Menschenführung und existentiell verwirklichter Corporate Identity wissen muß, können sie durch Intelligenz, Fleiß, Sachverstand und ohne arrogantes Spezialistentum. So haben wir *alle* voller Hingabe und ohne alles Sachwissen angefangen.« Sie alle, so wäre aus der historischen Distanz hinzuzufügen, haben nachhaltige Spuren hinterlassen.

Als Hans-Herbert Kannegießer Ende 1988 nach über vierzigjähriger Zusammenarbeit aus dem Verlag ausschied, nahm sein Mentor und Förderer den Abschied zum Anlaß für einen »halb heiteren, halb wehmütigen Rückblick«. Am Beispiel eines einzelnen Mitarbeiters entfaltete er zugleich die Umrisse einer heutzutage beinahe anachronistisch anmutenden Berufsauffassung: Ein Mensch von hoher Intelligenz, großer Aufnahmefähigkeit, beispielhafter Systematik, großen gestalterischen

Fähigkeiten und zäher Ausdauer sei Kannegießer gewesen. »Er ist ein guter Teamworker, und doch liegt seine große Stärke in der individuellen Leistung als Einzelwesen: Ein ›Homo faber‹, der unablässig nach noch besseren Lösungen sucht, nie ganz zufrieden, weder mit den anderen noch mit sich selbst. Und so hat er dann als Hersteller – als solcher hatte er sich nach kurzer Zeit überraschend schnell und gründlich eingearbeitet – Bemerkenswertes geschaffen.« Daß Kannegießer später auch die Aufgaben eines gestaltenden Redakteurs wahrnahm, ist ein weiterer Mosaikstein im Persönlichkeitsprofil eines überaus flexiblen, universell begabten Menschen. Engstirnige Spezialisierung ohne Sinn für das große Ganze war und blieb diesen Aufbauhelfern fremd. Ihre Karrieren erwecken den Anschein, als seien sie nicht in einem, sondern in einem halben Dutzend Unternehmen tätig gewesen.

Gegen Ende des Jahres 1947 trat Franz Cornelsen als einer der ersten deutschen Verleger auf Einladung des Foreign Office und der British Publishers Association eine dreiwöchige Englandreise an, die zu einem großen Erfolg wurde. Eine Reihe wichtiger und vielversprechender Kontakte zu englischen Verlegern konnte geknüpft werden, insbesondere zu Longman und zur Oxford University Press. Cornelsen, der als anglophiler Mensch ohnehin eine starke Affinität zur britischen Kultur mitbrachte, schuf in London die Voraussetzungen für zukünftige Kooperationen. Darüber hinaus erhielt er im Dialog mit führenden Verlegern, allen voran Sir Stanley Unwin, interessante Anregungen für sein eigenes Programm. »Ganze Koffer voll Bücher wurden zum Prüfen mitgebracht«, notierte Anne Felske Anfang Dezember 1947. Auch wenn sich die Orientierung am englischen Buchmarkt durchaus nicht als problemlos erwies, hatte sich Cornelsens erste Englandreise nach dem Krieg gelohnt.

Im Juni 1948 erschien der erste Band von »Peter Pim and Billy Ball«, dem illustrierten Englisch-Lehrbuch, an dem Hildegard Cornelsen gemeinsam mit dem jungen Englischlehrer Kurt Spangenberg seit nunmehr zwei Jahren gearbeitet hatte. Konzipiert für den Englischunterricht an den Volksschulen, wurden die insgesamt drei Bände in kürzester Zeit zum Standardwerk.

Hildegard Cornelsen und Kurt Spangenberg bei der Arbeit an »Peter Pim and Billy Ball«

Es war der erste wirklich »große Wurf«, den der Cornelsen Verlag zu verzeichnen hatte. Seine Auswirkungen auf die pädagogischen Richtlinien der Nachkriegszeit sind kaum zu überschätzen: 1964 konnte die überarbeitete Fassung von »Peter Pim and Billy Ball« genau zu dem Zeitpunkt bereitgestellt werden, als der zunächst freiwillige Englischunterricht zum Pflichtfach an Volks- und Hauptschulen wurde. Von der Qualität sowohl dieses Lehrwerks als auch der seines Nachfolgers mit dem sachlicheren Titel »English H« zeugt nicht zuletzt die Tatsache, daß es nach über 45 Jahren in überarbeiteter Form noch immer eingesetzt wird – nun auch in den neuen Ländern der Bundesrepublik.

Spricht man heute mit Eltern oder Lehrern, die in den fünfziger Jahren in West-Berlin und vielen Teilen der Bundesrepublik Schulkinder waren, dann ist »Peter Pim and Billy Ball« oft das einzige Schulbuch, an das sie sich deutlich und mit Vergnügen erinnern. Das Lehrwerk hat sie über Jahre hinweg begleitet und ihnen die ersten Wörter, Sätze und Redewendungen beigebracht. Erschien der erste Band im Vergleich zu den folgenden noch recht unfertig und in sympathischer Weise vorläufig, so war er doch erfolgreicher als die Konkurrenzwerke. Dabei hatte man nicht nur eine Marktlücke abgedeckt; der entscheidende Vorzug dieses Lehrwerks bestand in seiner konzeptionellen Reife. Neuartig und überzeugend war vor allem die Verwendung einer zweiten Farbe (neben Schwarz) sowie die Kombination von Text und Bild, die die Grundlage für den späteren systematischen

Peter Pim and Billy Ball

ENGLISCHES LEHRBUCH
FÜR JUNGEN UND MÄDCHEN

Ausbau zum audiovisuellen Medienverbund darstellte. Und so kam es bereits ab Sommer 1948 zu sensationellen Anfangserfolgen. Die Erstverkäufe des Bandes I lagen bei über 100.000 Exemplaren.

»Peter Pim and Billy Ball« war geschrieben und gezeichnet von Hildegard Cornelsen. Bis zu ihrem Tod im Jahr 1981 hatte ihr mehrfach überarbeitetes Werk einschließlich der begleitenden Unterrichtsmaterialien eine Gesamtauflage von rund 35 Millionen Exemplaren erreicht. Es hat den Ruf des Verlags begründet, Marktführer im Fach Englisch zu sein. Im Kontext der immer schwieriger werdenden Situation, die Ende der vierziger Jahre den gesamten Berliner Buchmarkt betraf, maß man der großen Popularität von »Peter Pim and Billy Ball« auch in der Öffentlichkeit hohe Bedeutung bei. »Daß eine gute Idee bei nüchterner Erkenntnis des Bedarfs zum Erfolg führen kann«, hieß es 1949 in einem Zeitungsbeitrag, dafür stehe beispielhaft Hildegard Cornelsens Lehrwerk ein. Als vorbildlich wurde

Gegenüber: die erste Ausgabe von »Peter Pim and Billy Ball«, unten eine Doppelseite

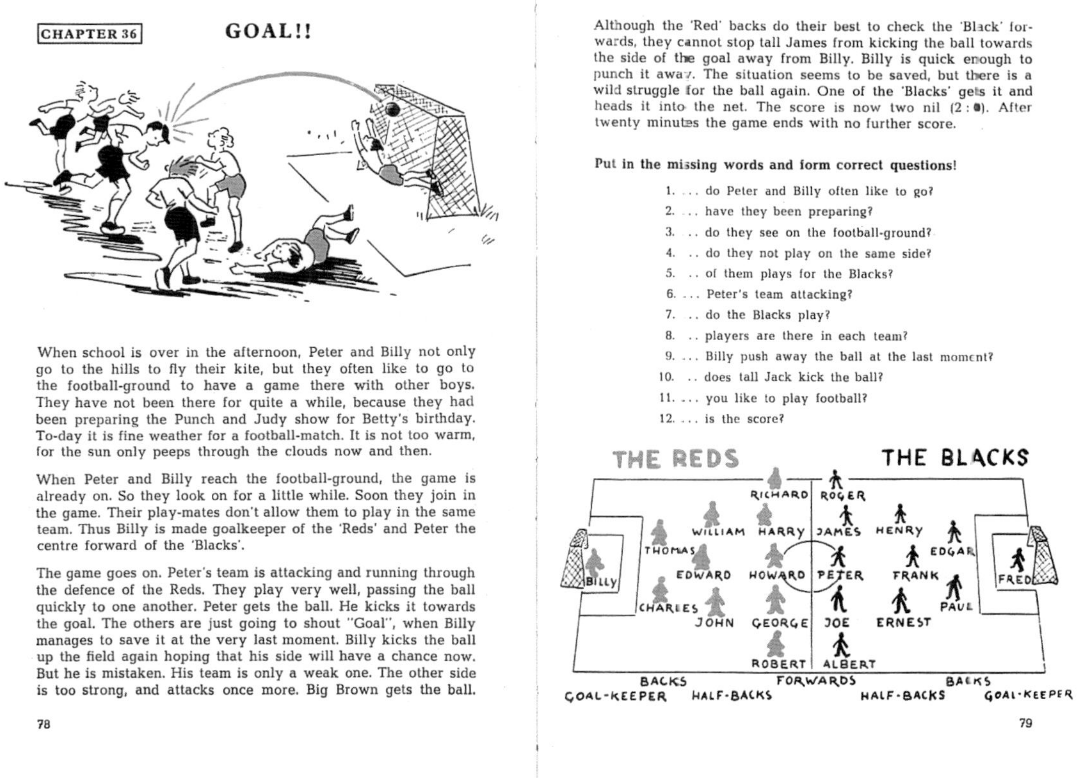

CHAPTER 36

GOAL!!

When school is over in the afternoon, Peter and Billy not only go to the hills to fly their kite, but they often like to go to the football-ground to have a game there with other boys. They have not been there for quite a while, because they had been preparing the Punch and Judy show for Betty's birthday. To-day it is fine weather for a football-match. It is not too warm, for the sun only peeps through the clouds now and then.

When Peter and Billy reach the football-ground, the game is already on. So they look on for a little while. Soon they join in the game. Their play-mates don't allow them to play in the same team. Thus Billy is made goalkeeper of the 'Reds' and Peter the centre forward of the 'Blacks'.

The game goes on. Peter's team is attacking and running through the defence of the Reds. They play very well, passing the ball quickly to one another. Peter gets the ball. He kicks it towards the goal. The others are just going to shout "Goal", when Billy manages to save it at the very last moment. Billy kicks the ball up the field again hoping that his side will have a chance now. But he is mistaken. His team is only a weak one. The other side is too strong, and attacks once more. Big Brown gets the ball.

78

Although the 'Red' backs do their best to check the 'Black' forwards, they cannot stop tall James from kicking the ball towards the side of the goal away from Billy. Billy is quick enough to punch it away. The situation seems to be saved, but there is a wild struggle for the ball again. One of the 'Blacks' gets it and heads it into the net. The score is now two nil (2 : 0). After twenty minutes the game ends with no further score.

Put in the missing words and form correct questions!

1. ... do Peter and Billy often like to go?
2. ... have they been preparing?
3. .. do they see on the football-ground?
4. .. do they not play on the same side?
5. .. of them plays for the Blacks?
6. ... Peter's team attacking?
7. .. do the Blacks play?
8. .. players are there in each team?
9. ... Billy push away the ball at the last moment?
10. .. does tall Jack kick the ball?
11. ... you like to play football?
12. ... is the score?

79

hervorgehoben, daß ein Verlag trotz aller Unwägbarkeiten Mut gezeigt und auf der Basis eines klugen Konzepts zur Selbsthilfe gegriffen habe. »Er hat praktischen Erwägungen Rechnung getragen und ist dabei doch seiner kulturellen Aufgabe treu geblieben.« Hierin schien das Erfolgsrezept zu bestehen: Ohne auf eine ausgefeilte Strategie zurückzugreifen, hatte man im Cornelsen Verlag mit einer überzeugenden Idee auf eine allgemeine Bedarfslage reagiert. Man hatte ein qualitativ hochwertiges Produkt zum richtigen Zeitpunkt angeboten. Eine glückliche Kombination, deren Zustandekommen ebensoviel mit verlegerischem Überblick wie mit einem kaum berechenbaren Faktor – der Intuition – zu tun hat.

So weitsichtig die Programmgestaltung in diesen Jahren gewesen sein mag: Die allgemeine Situation des Verlagswesens in Berlin konnte nach dem kriegsbedingten Zusammenbruch der kompletten Infrastruktur nur als krisenhaft bezeichnet werden. Seit 1945 bewegte man sich in der ehemaligen Bücherstadt, in der zwischen den beiden Weltkriegen immerhin 42 Prozent aller deutschen Verlage ansässig waren, auf dünnem Eis. Um so schwerwiegender war der finanzielle Einbruch, den im Jahr 1948 die Währungsreform und die Blockade Berlins verursachten. Sowohl die im Juni 1948 verfügte Einführung der D-Mark in den Westsektoren, zehn Reichsmark entsprachen nun einer DM-West, als auch die Transportsperre und Einstellung aller Liefe-

Währungsreform 1948: Schaufenster am Kurfürstendamm mit neuen Preisen

April 1949: Anpreisung von Blockade-Verpflegung

rungen aus der Sowjetischen Besatzungszone nach West-Berlin, entzogen den Verlagen mit einem Schlag die ökonomische Basis. Darüber hinaus konnte der so wichtige Markt im Westen nicht mehr beliefert werden. Spätestens mit der Spaltung im November 1948 wurde Berlin zur »Frontstadt des Kalten Krieges« (Ernst Reuter). Die ohnehin kaum wiederhergestellten Versorgungs- und Verkehrsnetze waren zerrissen, und, was noch schlimmer war, die Verlage der Inselstadt hatten ihren natürlichen Absatzmarkt verloren. Kein Hinterland, kein Kapital. Auf diese Formel läßt sich eine dauerhafte Misere bringen, an der weder die »Luftbrücke« noch die Aufhebung der Blockade im Mai 1949 Wesentliches zu ändern vermochten. Um einen damals gängigen Begriff zu verwenden: Berlin, die »einsame Insel in der Weltkrise«, begann »auszubluten«.

Durch die Blockade war die Herstellung von Büchern fast völlig zum Stillstand gekommen. Druckereien und Buchbindereien waren außerstande, in den weitgehend ungeheizten Gebäuden zu produzieren. Herstellungsmaterial in nennenswerten Mengen kam nicht nach Berlin hinein. Kaum ein Buch kam zum Verkauf aus Berlin heraus. Termingerechte Schulbuchlieferung schien unter solchen Vorzeichen unmöglich. Monatelang lagen die Sendungen des Cornelsen Verlags auf dem Flughafen Gatow, ehe sie durch Frachtflugzeuge der Briten abtransportiert werden konnten. Sowohl das saisonbedingte Schulbuchgeschäft als auch »das Herbst- und Weihnachtsgeschäft 1948«, bilanziert die bereits erwähnte Leonharda Gescher-Ringelnatz, »war für den Berliner Verleger völlig verloren. Erst heute (ein Jahr später, d. Verf.) lassen sich die Folgeerscheinungen des finanziellen Aushöhlungsprozesses während der Blockade in vollem Umfang ermessen. Berlin bekommt zu spüren, daß es durch den Zeitverlust des Blockadejahres nicht mehr mit dem Westen konkurrieren kann. Die sogenannten grauen Bücher auf holzhaltigem Papier im Pappeinband und Papiervorräte minderer Qualität liegen unverkäuflich und unverwendbar da, während aus dem Westen Ganzleinenbände auf holzfreiem Papier hereinfluten. Aber auch aus dem Ostsektor und aus der Ostzone kommen schon erstklassig ausgestattete gute Bücher in West-Berlin auf den Markt.« Wer heute in einer beliebigen Bibliothek ein solches »minderwertiges« Buch aus dieser Zeit zur Hand nimmt, bekommt einen sinnfälligen Eindruck der damaligen Situation. Vom grauen Papier, das kaum dem Umblättern standhält, über die ärmliche Gestaltung bis hin zu ihrem spezifisch-muffigen Geruch erzählen diese Bände von der Not der frühen Jahre.

Währungsreform und Berlin-Blockade gefährdeten das Überleben des jungen Unternehmens. Über Jahre hinweg hatte man mit der Verschuldung zu leben, die aus der akuten Finanzschwäche der späten vierziger Jahre resultierte. Um so bedeutsamer wurde auch aus der Außensicht die Identifikation des Verlags mit seinem Vordenker. Franz Cornelsen, dies geht aus zahlreichen Augenzeugenberichten hervor, war der denkbar beste Verkäufer in eigener Sache. Mit Verve und Überzeugung trat er für die Verbreitung jener Titel ein, die er selbst zu einem Programm gebündelt hatte, deren Veröffentlichung ihm wichtig war und die er protegierte, wo immer es geboten erschien. »Unvergeßlich ist mir«, schrieb als einer unter vielen der Münchener Verleger Walter Oldenbourg, »wie 1949 an einem schönen Sommertag ein sportlicher, etwas gehetzter, eleganter Herr im Kamelhaarmantel und mit einem Buch unterm Arm zu mir ins Büro kam und mit unwiderstehlicher Eloquenz und feiner Stimme die Planungen seines neugegründeten Verlages und insbesondere die Entwicklung des Lehrwerkes ›Peter Pim and Billy Ball‹ vortrug.« Dann werden die Motive aufgezählt, die Franz Cornelsen zur Verlagsgründung veranlaßt hatten, der Beitrag zur Völkerverständigung, »damit wir Deutsche wieder Freunde und richtige Maßstäbe finden«, die Vermittlung von Fremdsprachen und die sachliche Darstellung politischer, wirtschaftlicher und sozialer Zusammenhänge im Unterricht. Die Integrität seiner Persönlichkeit und die Vision seines Verlagsprogramms konnten nur als unverbrüchliche Einheit verstanden werden.

Im Herbst 1948 zählte Franz Cornelsen zu den Gründungsmitgliedern des »Grunewald-Clubs«, in dem führende Politiker und Journalisten West-Berlins, unter ihnen der Regierende Bürgermeister Ernst Reuter, Otto Suhr, Walther Schreiber und Willy Kressmann, einen offenen Meinungsaustausch mit englischen Politikern, Wissenschaftlern und Vertretern der Militärregierung pflegten. Zwei Jahre später engagierte er sich als Vertreter der West-Berliner Buchverleger im »Spruchausschuß Blockadehilfe«, eine Tätigkeit, die sich ab 1951 in der Oberfinanzdirektion Berlin fortsetzte: Cornelsen fungierte als Gutachter, der die Möglichkeiten von Steuererlassen für besonders blockadegeschädigte Buchverlage zu überprüfen hatte. Diese Beispiele verdeutlichen, wie eng seine Sorge um die Entwicklung des eigenen Verlages mit dem Verantwortungsbewußtsein für das urbane Umfeld verknüpft war. Ohne eine stabile städtische Infrastruktur, das lag auf der Hand, würde in Zukunft kaum etwas auszurichten sein. Hier zeigt sich der Stellenwert, der den zupackenden Unternehmern vom Schlage Franz Cornelsens beim Aufbau einer tragfähigen Infrastruktur zukam. Indem sie sich über die eigenen Belange hinaus für die Stadt einsetzten, schufen sie sich selbst eine ökonomische Basis. Umgekehrt profitierte der Standort Berlin sowohl intern als auch in seiner Außenwirkung von der Vitalität der ortsansässigen Unternehmen.

Das eigentlich Bemerkenswerte am hier nur angedeuteten Engagement des selbständigen Unternehmertums beim Aufbau der Volkswirtschaft ist darin zu sehen, daß sich Cornelsen und alle Gleichgesinnten ihr Tätigkeitsfeld selbst geschaffen haben. Nichts hätte schließlich näher gelegen, als Berlin zu verlassen und sich nach lukrativeren Standorten umzusehen. Daß sie blieben, ist als Bekenntnis zu einer Metropole zu verstehen, deren

Charakter niemals leicht auf einen Nenner zu bringen war. Berlin, sagt der Philosoph, ist ein Ort, der immer nur wird und niemals ist. Ein Ort des Neuen im Märkischen Sand. Nichts ist hier von Dauer außer dem Wandel. Deshalb bedurfte es von Anfang an tatkräftiger und entschlossener Pioniere, die die Stadt immer wieder aufs Neue gestalteten und definierten; die das Brachland als Chance verstanden, die Stadt nach ihren Vorstellungen neu zu entwerfen; die eine Vision hatten, die sie umzusetzen versuchten. Es bedarf keiner allzu großen Anstrengungen, um den Wahl-Berliner Franz Cornelsen in die Traditionslinie dieses Gründertypus zu rücken. Berlin, so haben wir begonnen, glich nach dem Zweiten Weltkrieg einem wüsten Land. Nichts war vorhanden, alles war möglich – Scheitern inbegriffen. Cornelsen und seine Mitarbeiter haben in der scheinbar hoffnungslosen Lage die Möglichkeit gesehen, ein Lebenswerk zu schaffen und zugleich den Wiederaufbau einer zerstörten Stadt voranzubringen. Beides muß in der Rückschau als gelungen bezeichnet werden. Beides war nur in Berlin möglich.

Innerhalb der kontinuierlichen Erweiterung des Mitarbeiterstabes gebührt neben Hans-Herbert Kannegießer einem weiteren Generalisten besondere Beachtung: Die Rede ist von Götz Manth, der sich im Juli 1949 nach einer einjährigen Buchhandelslehre, die er auf Empfehlung von Friedrich Luft begonnen hatte, dem Cornelsen Verlag anschloß und bis zu seiner Pensionierung im Jahr 1986 zu den tragenden Säulen des Hauses gehörte. Seine Schwerpunkte lagen zunächst in den Bereichen Auslieferung, Werbung und Vertrieb, ehe er in wachsendem Maße auch redaktionelle Aufgaben, vor allem im Fremdsprachenbereich, wahrnahm. Franz Cornelsen bezeichnete ihn als einen gewissenhaften und fleißigen Epikureer. »Ist Kannegießer mehr nach innen gekehrt, so ist Götz Manth eher ein nach allen Himmelsrichtungen hin offener Geber und Nehmer. Ein wacher Beobachter, ein sorgfältiger Wahrnehmer, ein Überzeuger, vor allem ein Zusammenführer von Menschen und Ideen, ein echter Manager-Typ.« Da das ambitionierte Cornelsen-Verlagsprogramm in ansprechender Weise an den Lehrkörper ›verkauft‹ werden mußte, unternahm Götz Manth zahlreiche Vortragsreisen, auf denen er als Fachberater die Bedeutung des Englischunterrichts an den Volksschulen darstellte. Aus diesen Anfängen entwickelten sich Workshops und Vortragsreisen, bei denen die Autoren des Verlags – nach und nach auch aus anderen Fachbereichen – grundlegende Informationen an Fachlehrer vermittelten. Zudem hielt Manth über Jahrzehnte hinweg jene Kontakte zu englischen Verlagen aufrecht, die – der chronologische Vorgriff sei an dieser Stelle gestattet – schließlich zur Gründung der Cornelsen & Oxford University Press im Jahr 1971 führten. Götz Manth war ein überaus erfolgreicher Akquisiteur von Mitarbeitern jeder Schattierung. Ein geborener Optimist, der nicht nur die persönlichen Stärken jedes einzelnen richtig einzuschätzen und zu nutzen verstand, sondern auch für sich selbst dem Leben die besten Seiten abzugewinnen vermochte.

Weihnachten 1949, Hildegard und Franz Cornelsen im Kreise der Mitarbeiter

Im Dezember 1949 wurde der Cornelsen Verlag von der Künstlerkolonie am Breitenbachplatz in die Binger Straße 29 im Bezirk Wilmersdorf verlegt. Die ehemalige Villa des Briefmarkenhändlers Heinrich Köhler bot zunächst, wenn auch nur für relativ kurze Zeit, wesentlich mehr Platz als die alten Räumlichkeiten. Büroräume und Wohnung des Verlegerehepaars waren nach wie vor identisch, doch hatte man nun im Keller die nötigen Kapazitäten für das Lager und die Berliner Auslieferung zur Verfügung. Im neuen Domizil entstanden die Pläne für Lehrmaterialien, die nach »Peter Pim and Billy Ball« maßgeblich zur Reform des Unterrichts in der Bundesrepublik beitragen sollten. Die »Cornelsen-Bogen«, die zwischen 1950 und 1960 in millionenfacher Auflage – zuerst als Beilage zu Westermanns Schulzeitschriften – in Umlauf kamen, ermöglichten erstmals eine fächerübergreifende Unterrichtsgestaltung für das deutsche Schulwesen. Die »Bogen« bestanden aus vier bis acht DIN A 4 Text- und Bildseiten für Schüler und zwei bis vier Seiten für Lehrer, kosteten zunächst 20, später 30 Pfennige und waren außerordentlich leicht zu handhaben. Ihr Themenspektrum, das im übrigen bereits eine Reihe zukünftiger Verlagsthemen vorwegnahm, stellte neben dem volkswirtschaftlichen das planetarische oder globale Denken in den Vordergrund, zu dem nach Franz Cornelsens Überzeugung die Schonung aller ökologischen Reserven im Wasser, in der Luft und bei der Bodennutzung zählte. In den fünfziger Jahren war dies ein bemerkenswert weitsichtiger, vorausweisender Versuch, Lehrern wie Schülern ein neues Verantwortungsgefühl für ihre Umwelt zu vermitteln. Wer heutzutage die »Cornelsen-Bogen« vor dem Hintergrund der anhaltenden Diskussionen über knapper werdende Ressourcen studiert, wird den ›time-lag‹ zwischen den hier formulierten Einsichten und dem ökologischen Bewußtsein der Gegenwart mit einiger Verwunderung zur Kenntnis nehmen. Was sich heute an Erkenntnissen über den gefährdeten Zustand unseres Planeten allmählich durchzusetzen beginnt – hier wurde es bereits vor über 35 Jahren thematisiert.

Die fächerübergreifenden Serien der »Cornelsen-Bogen« hießen: »Rohstoffe der Welt«, »Aufbau und Wirtschaft der Bundesrepublik«, »Internationale Organisationen« sowie »Verkehr und Nachrichtenwesen«. Da jede DIN A 4 Seite klare Fakten auf anschauliche Weise transportierte, wurden die Bogen zu einer großen Hilfe für Lehrerinnen und Lehrer. Wie schon bei »Peter Pim and Billy Ball« überzeugte vor allem ihre Gesamtkonzeption: eine didaktische Stringenz und Übersichtlichkeit, die ebenso kompetent wie sinnlich-konkret Text- und Bildelemente in Einklang brachte. »Die Bewältigung sehr komplexer Gebiete in systematischer Ordnung und einfachster Sprache, weitgehende Bebilderung mit Fotos und Statistiken, die eingängig waren, eine sachliche, ideologiefreie Information für den Lehrer, klare und eindringliche Layouts« – hierin bestanden nach Franz Cornelsens Vorstellung die Anforderungen bei der Herstellung

Best.-Nr. R 302
DM 0,25

KOHLE

R 302
CORNELSEN BOGEN

Der „Stein der Weisen" von heute

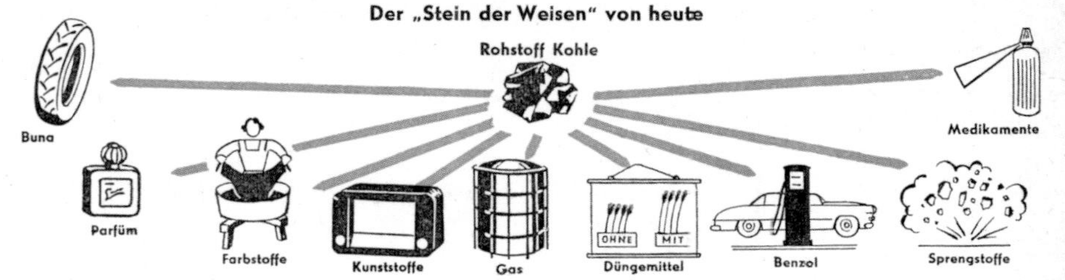

Im Mittelalter suchten „Goldmacher" den „Stein der Weisen", um mit seiner Hilfe Gold machen zu können. Sie fanden ihn nicht. Heute ist die Kohle unser „Stein der Weisen". Sie ist nicht nur Kraft- und Wärmespender, sondern auch Grundstoff für viele Dinge in unserem Leben. Forscher und Chemiker haben durch zahllose Versuche Wege gefunden, den „brennenden Stein" zu veredeln. Wird die Kohle in großen Öfen unter Luftabschluß erhitzt, liefert sie **Koks** (zur Stahlerzeugung), **Teer** (zur Herstellung von Farbstoffen und Heilmitteln), **Ammoniak** (zur Erzeugung von Dünger und Sprengstoffen), **Benzol** und **Gas.** Aus Kohle und Kalk macht man künstlichen Gummi (Buna); aus Kohle und Wasserstoff — Benzin. Die Kohle ist Deutschlands „Gold".

Schwarzes Gold

Gold ist mehr wert als Kohle. Und doch könnte man mit allem Gold, das im Laufe eines Jahres auf der ganzen Erde gefördert wird, nicht die Steinkohle bezahlen, die im gleichen Jahr allein im Ruhrgebiet gefördert wird.

Zu diesem überraschenden Ergebnis kam u. a. eine Untersuchung im Jahre 1952:
Tag für Tag arbeiten 1 000 000 Menschen in den Goldbergwerken der Erde; in den deutschen Steinkohlengruben fördern täglich 400 000 Bergleute das „schwarze Gold". 1 kg reines Gold kostet 4700,— DM, 1 kg Kohle etwa 6 Pfennig. Aber eine Tonne Golderz enthält nur wenige Gramm reines Gold und in der Welt werden täglich nur 3000 kg reines Gold gewonnen. Wert: 14 Mill. DM. Die deutschen Bergleute fördern an einem Tag 400 000 000 kg Steinkohle. Wert: etwa 24 Mill. DM. Für diesen Betrag könnte man über 5000 kg Gold kaufen.

Das Gold hilft die Kaufkraft unseres Geldes decken. Zu diesem Zweck liegt es untätig im Tresor. Die Ausnutzung der Kohle aber bringt vielen Millionen Menschen Arbeit und Brot. Ob Elektrizität oder Gas, ob Bäckerbrot oder Briefpapier, ob Stahlschiene oder Bunareifen — überall ist die Kohle unsichtbarer Helfer, um diese und viele andere Dinge des täglichen Lebens zu schaffen.

Preis bei Sammelbestellungen nur DM 0,20

Der Bergmann sorgt für uns!

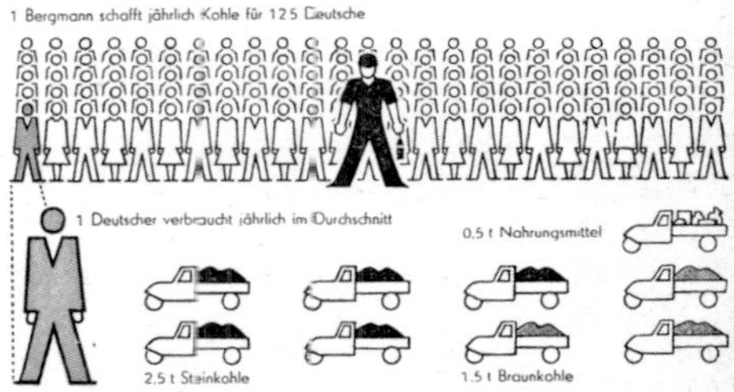

1,5 t Braunkohle haben einen Heizwert von etwa 0,5 t Steinkohle

Deutschlands hochentwickelte Industrie braucht viele Rohstoffe. Nur wenige werden bei uns in ausreichender Menge gefunden, aber Kohle ist reichlich vorhanden. Sie ist der größte unterirdische Schatz Deutschlands.

2,5 t (50 Zentner) Steinkohle werden im Jahr für jeden Deutschen gefördert. Fast 2 Tage arbeitet ein Bergmann, um diese Menge ans Tageslicht zu bringen.

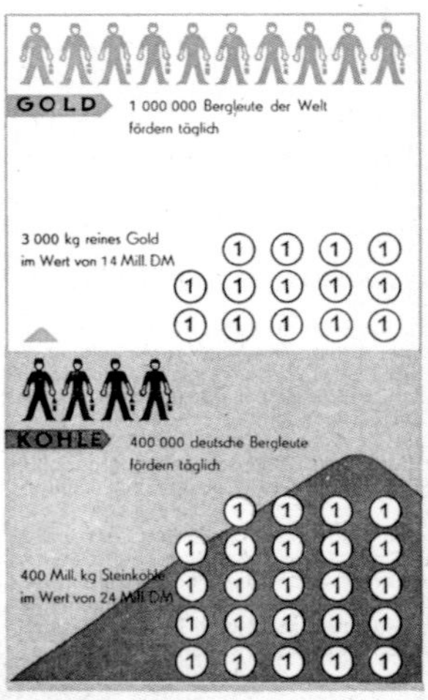

Die Gewinnung der Kohle: mit der Schrämmaschine und mit dem Abbauhammer

der Blätter; ein Prozeß, der »für uns alle, vor allem aber für Götz Manth und mich, zu einer großen Spielwiese für kreative Schulbuchentwicklung« wurde.

Einer der wichtigsten Autoren dieser ersten Reihe war Harald Gutschow, der sich als junger Lehrer mit dem Verlag in Verbindung gesetzt hatte. Franz Cornelsen zeigte sich von Gutschows Elan beeindruckt und übertrug ihm die Abfassung des Cornelsen-Bogens »Erdöl und Erdgas« sowie der überwiegenden Zahl der danach erscheinenden Bogen. Götz Manth erhielt die Aufgabe, die Cornelsen-Bogen redaktionell zu betreuen. »Ich erinnere mich noch«, schrieb Franz Cornelsen, »an die Nächte in der Binger Straße 29, bei Kaffee und Steinhäger, dem Dröhnen des ›Dritten Mannes‹ auf dem alten Grammophon bis zwei Uhr nachts: Jeden Monat mußte ein Cornelsen-Bogen unter dem Beilagentitel ›Unterrichtshilfe‹ für die drei Westermannschen pädagogischen Zeitschriften fertig werden. Also auch damals schon: die Terminpeitsche. Nicht nur Qualität, sondern auch rechtzeitige Fertigstellung. Ach, wie haben wir damals gestöhnt!« So reden Überzeugungstäter, die selbst unter dem Diktat der Uhr den Sinn für die irdischen Genüsse nicht verlieren. Cornelsens Erinnerungen an die Planung und Umsetzung seines frühen Verlagsprogramms zeugen von einer atmosphärisch dichten, prozeßhaft-gespannten Stimmung. Sie ist vor allem darauf zurückzuführen, daß man in konzeptioneller Hinsicht Neuland betrat. Auf vorgefertigte Muster oder Vorbilder konnten sich die Pioniere des modernen Schulbuchs nicht berufen. Alles mußte im Zuge eines offenen ›learning by doing‹-Verfahrens neu erfunden werden. So ist es nicht verwunderlich, daß Cornelsen und sein Mitarbeiterstab in diesen Jahren den Eindruck einer verschworenen Gemeinschaft erwecken. Einer Gemeinschaft, die auf die allgemeine Notlage mit Tugenden wie Hilfsbereitschaft, Loyalität und Spontaneität reagierte. Uneigennützig trug jeder seinen Teil zum Gesamtwerk bei.

»Wir haben uns wie Münchhausen am eigenen Schopf aus dem Sumpf hochgezogen, unverdrossen, aus Rückschlägen lernend, jeder Art von Kritik dankbar aufgeschlossen. Wir haben uns in den langen Jahren am Rande des Konkurses nach der Blockade gegenseitig Mut machen müssen und können.« Daß

Die Binger Straße 29, zweites Domizil des Verlages (Foto vom Juni 1978)

mit der stetigen Vergrößerung und Konsolidierung des Unternehmens der hier skizzierten Gemeinschaftsbildung – einer Kameradschaft aus der Not heraus – im Laufe der Jahre die Grundlage entzogen wurde, erscheint selbstverständlich. Die Strukturen haben sich inzwischen verändert, aus den unerfahrenen, aber engagierten Schulbuchmachern ist ein hochprofessionelles Team hervorgegangen, das den Verlag an die Branchenspitze geführt hat. »Und doch ist in diesem Haus die Prozedur des Sich-Hocharbeitens für alle Neuankömmlinge über Jahre die gleiche: ›Learning by doing‹ heißt die Formel heute wie vor vierzig Jahren«, schrieb Franz Cornelsen 1988.

Bei allen Unterschieden im Erscheinungsbild sind die Konstanzfaktoren, die den Kern des Unternehmens ausmachen, dieselben geblieben. »Geblieben ist heute wie damals das Primat des kreativen Denkens, der schöpferischen Gestaltung, der Bereitschaft, Kritik von allen Seiten anzunehmen, Unverdrossenheit, hingebungsvoller Fleiß, das Gefühl der Gemeinsamkeit sowie das Bewußtsein, daß man vielen, vielen tausend Schülern durch die eigene Arbeit das Lernen erleichtert und den Lehrern hilft, das Lehren erfolgreicher zu gestalten; daß man die papiernen Eindrücke noch eindrucksvoller und die Lernwirkung noch größer machen kann.« Und was das Erbe des Generalistentums angeht: »Das System der kommunizierenden Röhren zwischen

Von oben:
Hans-Herbert Kannegießer,
Günter Bahls, Götz Manth,
1959

allen produzierenden Organen muß heute wie damals bestehen bleiben, bei allen Problemen, die nun einmal mit den Überschneidungen zusammenhängen.«

In den Jahren 1952 bis 1954 war Franz Cornelsen als parteiloser Bürger-Deputierter im Volksbildungsausschuß seines Heimatbezirks Wilmersdorf tätig. 1953 erhielt er als erster Schulbuchverleger der Bundesrepublik eine Einladung durch das State Department in Washington zu einem dreimonatigen Aufenthalt in den USA. Dieses sogenannte Leader Programm wurde vom American Textbook Publishers Institute zusammengestellt.

Cornelsen nutzte die Gelegenheit, um vielfältige Kontakte zu den Präsidenten und Vize-Präsidenten aller bedeutenden Schulbuchverlage der Vereinigten Staaten, vor allem der Ostküste und Kaliforniens, zu knüpfen; Kontakte, die sich in späteren Jahren in engen Freundschaften und im regen Erfahrungsaustausch bewährt haben. Verglichen mit den Arbeitsweisen daheim waren die Ergebnisse dieser Gespräche ebenso interessant wie niederschmetternd. Denn anders als in der Bundesrepublik bezeichnete man die Schulbuchverlage der USA schlechthin als »The Educational Industry« – eine gänzlich andere Funktionsbestimmung also, als sie Cornelsens Selbstverständnis entsprach. Was diese »Erziehungs-Industrie« betrieb, hieß »Editorial Engineering«: Die Hauptarbeit der Buchentwicklung wurde von kompetenten Verlagsredaktionen geleistet, während in Europa noch die Autoren relativ autonom ihre Manuskripte verfaßten.

Es schien für Cornelsen damals nur eine Frage der Zeit zu sein, bis sich das in den USA übliche Arbeitsverfahren wegen seiner höheren Wirksamkeit und Effizienz auch in Europa durchsetzen und etablieren würde. Dies hätte jedoch Mittel erfordert, die über die Finanzkraft der meisten Schulbuchverlage weit hinausgegangen wären, »von der Kapitalschwäche des kleinen Cornelsen Verlages ganz zu schweigen«. Unter dem Eindruck solcher Tatsachen »erwog ich ernsthaft, nach Abschluß der Studienreise wieder in die Industrie zurückzukehren und das wohl aussichtslose Unterfangen aufzugeben, Verleger erstklassiger Lehrbücher für den Englischunterricht und für andere Fächer zu werden«. Wie wir wissen, haben Franz Cornelsen die überaus turbulenten und dynamischen Entwicklungen nach seiner Rückkehr aus den USA im Herbst 1953 keine Zeit gelassen, um »ernsthaft« über ein mögliches Ende seiner Karriere als Schulbuchverleger nachzudenken.

Mit Sicherheit haben Cornelsens Erfahrungen auf dem amerikanischen Schulbuchmarkt zu einer vertieften Branchenkenntnis beigetragen. Davon legen nicht zuletzt seine in den fünfziger und sechziger Jahren gehaltenen Vorträge ein beredtes Zeugnis ab. Scharfsichtig, analytisch präzise und differenziert hat er in diesen noch heute lesenswerten Beiträgen die Bedeutung eines guten Erziehungswesens für die Volkswirtschaft vor dem Hinter-

Die Visitenkarte des Verlegers für die ersten Reisen in die USA

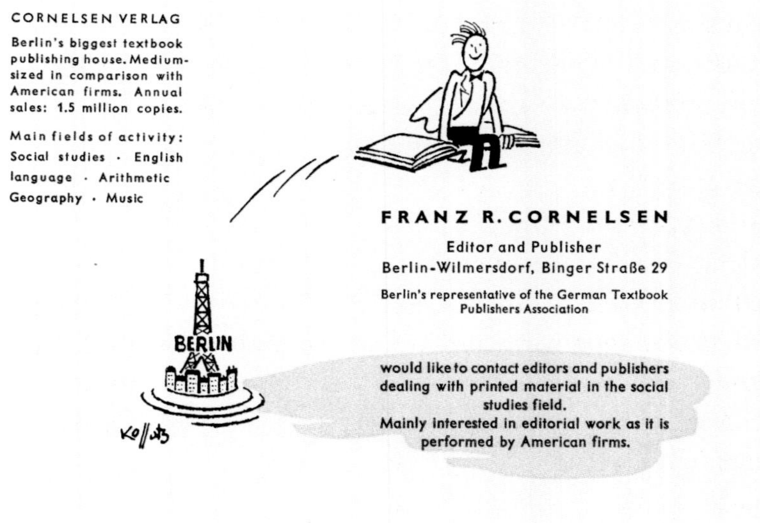

grund der amerikanischen Situation herausgearbeitet. In seinen Reflexionen wird deutlich, daß er bei aller Skepsis hinsichtlich der Übertragbarkeit des amerikanischen Modells große Hoffnungen in die betriebswirtschaftliche Organisation des Bildungswesens setzte. »Die qualitative und quantitative Verbesserung der Bildungsinstitutionen ist die große Aufgabe, die jeder Gesellschaft – in den Industrienationen wie in den Entwicklungsländern – gestellt ist, um die Zukunft zu meistern. Die Entwicklung der Unterrichtstechnologie wird immer noch von einigen Kritikern als eine ›Dehumanisierung‹ der Schule angesehen. Dies ist nicht richtig. Bei sorgfältiger Abstimmung der technischen Möglichkeiten mit den pädagogischen Erfordernissen erleichtert die Unterrichtstechnologie dem Lehrer nur seine Aufgaben auf dem Gebiet der Wissensvermittlung; damit setzt sie seine Kräfte frei für die Persönlichkeitsbildung seiner Schüler.«

Eine Passage, die beispielhaft zum Ausdruck bringt, wie fundiert und genau Franz Cornelsen sein Tätigkeitsfeld zu beschreiben und zu positionieren vermochte. Sein fortwährender Austausch mit anderen Verlagen, mit staatlichen Einrichtungen wie Schulen oder Bildungsministerien, mit Autoren oder Wissenschaftlern hatte im Lauf der Jahre nicht nur zu einem luziden Kenntnisstand des Verlegers beigetragen, er hatte auch bewirkt, daß sein Unternehmen im Kontext des nationalen und internationalen Bildungssystems ein unverwechselbares Profil entwikkeln konnte. Dabei richtete sich sein Augenmerk sowohl auf die praktischen, volks- und betriebswirtschaftlichen Faktoren der Verlagsarbeit als auch auf ihre übergeordneten Aufgaben, die mit dem Bildungsauftrag zusammenhingen. »Wir wissen nicht erst seit gestern«, heißt es einleitend in einem Vortrag in der Evangelischen Akademie in Loccum, »daß der Erfolg der nationalen Wirtschaft nicht allein von den klassischen Produktionsfaktoren Arbeit, Boden und Kapital abhängt, sondern entscheidender getragen wird vom produktiven Menschen. Die Ausbildung der geistigen und manuellen Fähigkeiten und Fertigkeiten des Menschen ist für das Gedeihen eines Volkes und seiner Wirtschaft ein ebenso wichtiges Investitionsgut wie die Ausstattung mit Produktionsgütern aller Art.« Programmatische Erwägungen wie diese verraten einiges über das verlegerische Credo Franz Cornelsens. Anderslautenden Bekundungen zum Trotz schien sein Standpunkt durch die Erfahrungen in Übersee an Klarheit und Schubkraft gewonnen zu haben.

Bei seiner Rückkehr aus den USA im November 1953 erfuhr Cornelsen, daß der traditionsreiche Bielefelder Verlag Velhagen & Klasing seit Oktober alle Zahlungen hatte einstellen müssen. Die Druckerei und die Kartographie (Velhagen & Klasing produzierte geographische Atlanten, aber auch den »klassischen« Geschichtsatlas von F.W. Putzger) waren in Auflösung begriffen; der Hauptbuchhalter hatte sich in der Nacht vor der Zahlungseinstellung das Leben genommen. Die Buchhaltung, hieß es, sei in einem desolaten Zustand. Da sich Franz Cornelsen, wie schon erwähnt, bereits von 1951 bis 1953 als Gutachter der Berliner Senatsverwaltung für Finanzen mit Steuerproblemen blockadegeschädigter Verlage beschäftigt hatte, lag es nahe, ihn auch in diesem Fall als Experten zu konsultieren. Die damalige Arbeitsgemeinschaft der Schulbuchverlage ersuchte ihn um eine Prüfung, ob sich der Konkurs von Velhagen & Klasing, der letztlich der Kreditwürdigkeit der gesamten Branche geschadet hätte, nicht noch abwenden ließe. So fuhr er nach Bielefeld, ohne an eine Übernahme des maroden Verlags auch nur zu denken.

Wie bei derartigen Insolvenzfällen üblich, so gab es auch hier eine größere Zahl von Schulbuchverlagen, die Interesse an einzelnen Verlagsobjekten aus der Konkursmasse zeigten. Keiner jedoch war bereit, das Risiko von drei Millionen DM Schulden zu übernehmen – nach damaligen Verhältnissen eine immense Summe. Selbst die finanzstarken Hauptinteressenten Bertelsmann und Rudolf Oetker schreckten vor einer solchen Investition zurück. Eine verfahrene Situation, die sich jedoch bald klären sollte. Ein leitender Beamter des Berliner Senats für Wirtschaft, dem Franz Cornelsen zufällig kurz zuvor in Washington begegnet war, unterbreitete ihm folgenden Vorschlag: Er, der Senatsbeamte, werde alle Hebel in Bewegung setzen, um Velhagen & Klasing nach Berlin zu überführen, sofern sich Cornelsen bereit erkläre, das unternehmerische Risiko zu übernehmen. Quid pro quo. Im Klartext hieß das: Sie, Cornelsen, nehmen sich der Konkursmasse an, dafür sorge ich für einen reibungslosen Anschluß des Objekts an ihr Berliner Unternehmen.

Dem verdutzten Verleger blieb wenig Zeit, das Angebot reiflich zu überdenken. Denn schließlich galt es, das Schulbuchgeschäft für Ostern 1954 sicherzustellen. Cornelsen führte ein vorbereitendes Gespräch mit Horst von Abercron, dem Vorstandsvorsitzenden der Berliner Industriebank, und selbstverständlich auch mit seinen eigenen Mitarbeitern, die die »waghalsige Entscheidung« ja mitzutragen hatten. In seinem Beitrag zur Verlagschronik des Hauses Velhagen & Klasing hat der Verleger die Stunde der Entscheidung wie folgt beschrieben: »Zwischen Weihnachten und Silvester 1953 saßen in meinem Arbeitszimmer in der Binger Straße 29: Hildegard Cornelsen (48), Franz Cornelsen (45), Götz Manth (28), Hans-Herbert Kannegießer (27). Die beiden jungen Verlagsmitarbeiter sahen verständlicherweise nur zu gut das Bedenkliche des Experiments. Auch ich hatte bei nur 700.000 DM Buchumsatz des Cornelsen Verlags (Eigenkapital 110.000 DM) und dem gleichen Buchumsatz bei Velhagen & Klasing erhebliche Vorbehalte, ein so großes Risiko auf mich zu nehmen. Doch meiner immer mutigen und intuitiv das Richtige wählenden Frau gelang es, uns schließlich zu überzeugen: ›Wir bringen die Bücher so rasch wie möglich und dann auch den Putzger nach schnellster Entwicklungsarbeit auf den Markt. Du sparst zehn Jahre Aufbauzeit. Wir werden es schaffen.‹ Ich kapitulierte.«

Nun kamen die Dinge zügig in Bewegung. Der Berliner Kreditausschuß bewilligte 700.000 DM »Eigenkapitalersatz«. Der Leiter der Deutschen Bank in Bielefeld war bereit, Franz Cornelsen einen ungesicherten Personalkredit über 300.000 DM einzuräumen. Beide Kreditzusagen würde man heute als ›Venture Capital‹ risikobereiter Geldgeber mit großem Vertrauen in einen jungen Unternehmer bezeichnen. Am 20. Februar 1954 fand die Gläubigerversammlung für das Vergleichsverfahren beim Landgericht Bielefeld statt. Dem Vergleich wurde zugestimmt. So wurde Velhagen & Klasing Anfang März 1954 ohne jedes Eigenkapital de facto neu gegründet. Hildegard und Franz Cornelsen wurden zu persönlich haftenden Gesellschaftern der Velhagen & Klasing OHG. Die gesamte Produktion wurde umgehend nach Berlin überführt, um dort die Bücher für das in Kürze beginnende Schuljahr fertigzustellen.

Historisch zurückliegende Tatsachen zu konstatieren, fällt relativ leicht. In der Realität jedoch muß die Übernahme von Velhagen & Klasing ohne Unterbrechung der Produktion als eine logistische Meisterleistung bezeichnet werden. »Es blieben uns nur noch acht Wochen bis zum Schuljahrsbeginn Ostern 1954« – ein Wettlauf mit der Zeit. Da die Druckerei in Bielefeld bereits geschlossen war, wurde der Bleisatz für alle wichtigen Schulbücher in Kisten verpackt und auf »abenteuerlichen Transportwegen« nach Berlin geschafft. Zum Fleiß gesellte sich ein glücklicher Umstand: Ende 1953 beschlossen die Zigarettenfabriken, auf Bildbeilagen in den Packungen zu verzichten. Die Berliner Druckerei Wendt, bis dato Hauptlieferant der Bilder, war plötzlich beschäftigungslos geworden und stellte Cornelsen ihre Kapazitäten zur Verfügung. Zudem gingen die »uns befreundeten Leiter des Druckhauses Tempelhof und der Inhaber der Großbuchbinderei Fritzsche / Ludwig durch das Einräumen längerer Zahlungsfristen mit mir zusammen das Wagnis ein«. Die Hersteller des Cornelsen Verlags, Hans-Herbert Kannegießer, und der im Mai 1953 vom Berthold Schulz Verlag übernommene Gerhard Fietz, dürften in diesen acht Wochen wenig Ruhe gefunden haben. Am Ende hatte man den Wettlauf gegen die Uhr gewonnen. Sämtliche Titel lagen rechtzeitig zu Beginn des neuen Schuljahres vor.

Das Haus am Alten Markt 3 war die erste Niederlassung von Velhagen & Klasing in Bielefeld

Der Verlag Velhagen & Klasing war aus der gleichnamigen, 1835 in Bielefeld gegründeten Buchhandlung hervorgegangen. August Velhagen und August Klasing hatten seinerzeit auf Grundlage der Wochenschriften »Musée française« (ab 1836) und »The British Museum« (ab 1837) umfangreiche Sammlungen fremdsprachiger Schulausgaben entwickelt sowie eine Vielzahl weiterer Bücher für den Unterricht vorgelegt. Ein zweiter Schwerpunkt bildete sich in den vierziger Jahren des neunzehnten Jahrhunderts mit der Publikation evangelisch-theologischer Werke heraus. Unter Otto Klasing, dem Sohn des Mitbegründers, entstand aus der christlichen Familienzeitschrift »Daheim« ein schöngeistig orientierter Verlagszweig, der unter anderem für die von dem jungen Franz Cornelsen so geschätzten »Velhagen & Klasings Monatshefte«, für die »Knackfuß'schen Künstlermonographien«, die »Jugendschriften« oder die »Zeitschrift für Bücherfreunde« verantwortlich zeichnete. Entscheidend für den hervorragenden Ruf des Verlags wurde jedoch die Gründung der Geographisch-kartographischen Anstalt (1873) durch Otto Klasing in Leipzig. Die wissenschaftliche Leitung dieses Instituts lag in Händen des renommierten Geographen Dr. Richard Andree. Die hier erschienenen Kartenwerke – allen voran »Putzgers Historischer Schulatlas« ab 1877 sowie »Andrees Allgemeiner Handatlas« ab 1880, dem später auch Auslandsausgaben folgten und schließlich »Das Bild der Erde« ab 1930 – sicherten Velhagen & Klasing eine führende Rolle auf geographischem Gebiet. Nach der Jahrhundertwende avancierte das Unternehmen zum größten europäischen Atlasverlag in Privatbesitz.

Prof. Dr. Richard Andree (1835–1912)

Im Verlauf des Zweiten Weltkriegs wurden die Niederlassungen des Traditionsverlages in Bielefeld, Leipzig, Berlin und Hannover weitgehend zerstört. Fast alle Archivbestände und Druckunterlagen gingen im Bombenhagel verloren. Der geplante Neubeginn in Bielefeld gestaltete sich 1949 schwieriger als erwartet, bis es schließlich 1953 zur bereits erwähnten Zahlungseinstellung kam. Franz Cornelsen übernahm ein Haus mit langer Geschichte, dessen Programmpalette er als einen wichtigen Schritt zur Bereicherung des eigenen Buchangebots verstand. Mit der Bearbeitung von »Putzgers Historischem Schulatlas«, die man bereits im Spätsommer 1954 zum Abschluß brachte, setzte Cornelsen auf einen besonders wichtigen Umsatzträger, dessen erste Auflage nach dem Krieg in den Schulen dringend erwartet wurde. Während der Atlas in Berlin produziert wurde, blieben der Vertrieb und die Auslieferung aus marktstrategischen Erwägungen in Bielefeld: Der Standort lag innerhalb des westdeutschen Marktes ausgesprochen günstig. Der offenkundige Erfolg der riskanten Unternehmensakquisition soll freilich nicht darüber hinwegtäuschen, daß auf die Übernahme von Velhagen & Klasing ein zehnjähriges Ringen um die Vermeidung des Anschlußkonkurses folgte.

Als Franz Cornelsen 1958 dem für Insolvenzen zuständigen Abteilungsleiter der Industrie- und Handelskammer Bielefeld begegnete, brachte dieser zum Ausdruck, was er selbst oft genug gedacht haben mag: »Das Gelingen Ihrer waghalsigen Sanierung vor vier Jahren konnte ich nur erhoffen. Damals habe ich aber nicht daran glauben können.« Und auch seiner eigenen Bilanz ist die Erleichterung anzumerken, die sich einstellt, wenn man ein sinkendes Schiff vor dem Untergang bewahrt hat; ein tiefes Durchatmen vor der kommenden Etappe: »Unternehmerischer Blick«, heißt es nun schon verallgemeinernd, »Mut zum Risiko, unermüdlicher Fleiß und ein der gemeinsamen Sache dienendes Zusammenwirken der Individuen in kleinen und größeren Gruppen spielen im Verlagsleben eine wesentliche Rolle – nicht zu vergessen das Glück des Zufalls, das dem Verleger unvorhergesehen in der rechten Stunde Menschen und Aufgaben in den Weg führt. Die Mischung dieser Elemente hat es möglich gemacht, den Verlag Velhagen & Klasing zu erhalten und neuen Entwicklungen den Weg zu bahnen.«

»Ran an den Markt!«
DER STANDORT BIELEFELD.
EIN EXKURS IN DIE PROVINZ

Bereits einige Jahre vor der Übernahme von Velhagen & Klasing, im Sommer 1946 nämlich, hatte Franz Cornelsen eine Zweigstelle seines jungen Verlages in Bielefeld gegründet. Die Motive für die Wahl dieses Standortes lagen unmittelbar nach Ende des Krieges auf der Hand: Berlin war nicht nur in verkehrstechnischer Hinsicht von der Außenwelt abgeschnitten. Zudem waren, wie bereits erwähnt, sämtliche Konten in der zerstörten deutschen Hauptstadt gesperrt, so daß für einen gewissen Zeitraum von Berlin aus keine Geschäfte durchgeführt werden konnten. Da eine Teilnahme am Wettbewerb aber unverzichtbar war – zumal für ein junges, aufstrebendes Unternehmen –, konnte die Devise nur lauten: »Ran an den Markt!«, und der befand sich aus der Sicht des Cornelsen Verlags westlich von Berlin. »Bielefeld war in der Nachkriegszeit zu einem der wichtigsten Buchhandelsplätze Deutschlands geworden«, schrieb Peter Christian Hall anläßlich des hundertfünfzigjährigen Jubiläums von Velhagen & Klasing im Jahr 1985. »Und der Cornelsen Verlag war infolge der Blockade 1949 faktisch am Ende. Deshalb unterhielt Cornelsen schon früh ein Kontaktbüro in Bielefeld. Der im Zusammenhang mit der Blockade gefaßte Beschluß, nur noch Schulbücher zu verlegen, war dann die eigentliche Brücke zu Velhagen & Klasing, an dessen Endpunkt fast nur noch die Schulbuchproduktion gestanden hatte.«

Cornelsen Verlagskontor heute: eine moderne Verlagsauslieferung

Entscheidend für die Gründung einer Zweigstelle im Westfälischen war schließlich eine pragmatische Überlegung. »Der Verlag ist damals nach Bielefeld gegangen«, berichtet Götz Manth, »weil dort die Kommissionsbuchhandlung von Erich Vogel ansässig war.« Bildete noch vor dem Krieg die Messestadt Leipzig den wichtigsten Umschlagplatz für deutsche Verlage, so hatte sich nun – aufgrund der veränderten geopolitischen Verhältnisse – mit der Zeit eine Verschiebung in Richtung Frankfurt/M. und Bielefeld durchgesetzt. Erich Vogel galt als einer der wichtigsten Auslieferer der Branche, weshalb denn auch neben Cornelsen, der in Berlin noch bis 1950 mit Müller & Müller zusammenarbeitete, etwa die wissenschaftlichen Verlage Julius Springer und Erich Schmidt ihren Vertrieb nach Ostwestfalen verlagerten. Diese Konzentration von Verlagen in Bielefeld kam nicht zuletzt durch wechselseitige Empfehlungen zustande; durch Hinweise unter Kollegen, die unter ähnlich gelagerten Problemen zu leiden hatten. In verkehrstechnischer Hinsicht kam der Umstand hinzu, daß Bielefeld über eine intakte Bahnstation verfügte und günstig inmitten des westdeutschen Marktes lag.

Da Cornelsen während der Berlin-Blockade die meisten Bücher für Westdeutschland im Raum Bielefeld hatte herstellen lassen, konnte der Verlag mit der Übernahme von Velhagen & Klasing im Jahr 1954 auf die Vorzüge eines weitgehend erschlossenen Terrains zurückgreifen, mußte allerdings nach dem Zusammenbruch der Firma Vogel für einige Jahre die Auslieferung des Westermann Verlags in Braunschweig in Anspruch nehmen. 1956 wurden sämtliche Cornelsen-Bücher in die Bielefelder Auslieferung von Velhagen & Klasing gegeben. Die neue Verlagsstruktur sah vor, die Produktion und allmählich auch die Entwicklung von Velhagen & Klasing zu Cornelsen nach Berlin zu verlegen. Auslieferung, Werbung und Vertrieb hingegen wurden unter vorübergehender Aufsicht von Götz Manth ab Oktober 1955 vollständig in Bielefeld etabliert.

Ein großes Problem zur Zeit der Übernahme von Velhagen & Klasing in Bielefeld bestand in der starken Überalterung der dortigen Belegschaft – sowohl generell als auch innerhalb der Führungsgruppe. So schrieb Franz Cornelsen im Januar 1956 an einen Inserenten, dessen Anzeige ihm in der Bielefelder Tagespresse aufgefallen war, er sei auf der Suche nach einer überdurchschnittlich begabten Nachwuchskraft für die Hauptbuchhaltung von Velhagen & Klasing. Drei Monate darauf, am 1. April 1956, trat der damals vierundzwanzigjährige Manfred Lösing in das Unternehmen ein. Der Schwerpunkt seiner Tätigkeit lag in Bielefeld, wo ihm schon bald darauf die kaufmännische Leitung übertragen wurde; ein Bereich, der neben dem Rechnungswesen die allgemeine Verwaltung sowie den Personalbereich umfaßte.

Franz Cornelsen, der vor, während und nach der Verlagsübernahme in seinem alten Opel »Kadett« zwischen Bielefeld und Berlin hin und her pendelte, baute – seiner Unternehmermentalität entsprechend – auf eine möglichst weitreichende Selbständigkeit der beiden Standorte. Mit dem um die Jahrhundertwende gegründeten Hannoverschen Verlag Carl Meyer (Gustav Prior) kam bis zu seiner vollständigen Integration in das Bielefelder Unternehmen im Jahr 1958 sogar noch ein dritter Standort hinzu. Der verdienstvolle Verlagsleiter Erich Richter wechselte nach Aufgabe der niedersächsischen Dependance nach Bielefeld, wo er fortan für den gesamten Vertrieb zuständig war; ein überaus wichtiges Aktionsfeld, gewann doch die vertriebliche Betreuung des – von Bielefeld aus gesehen – marktfernen Berliner Verlages neben der Verlagsauslieferung zusehends an Bedeutung.

Richters Nachfolger wurde ab 1964 Klaus Gerdts. Als Nachrichtenoffizier aus dem Krieg gekommen, machte er zunächst eine Sortimentslehre und arbeitete in der Universitätsbuchhandlung Bouvier & Co. in Bonn, ehe er 1958 in die Bielefelder Buchhandlung von Velhagen & Klasing eintrat. Aufgrund seiner großen organisatorischen Befähigung wurde Gerdts schon 1959 von Franz Cornelsen in den Verlag Velhagen & Klasing geholt. In den fünfundzwanzig Jahren seiner Tätigkeit bis zum Jahr 1983 baute er zielstrebig einen höchst wirksamen Außendienst mit vorzüglich geschulten Fachberatern auf, anfangs unterstützt von Dieter Buchhierl und Götz Manth als Berliner Verbindungsleuten, später zusammen mit Hans-Joachim Lemke, dem Leiter der neuen Bielefelder Abteilung Information und Ausbildung. Sämtliche Fachberater, drunter viele frühere Lehrer, nahmen mehrmals im Jahr an intensiven Fortbildungsseminaren mit Lehrbuchautoren und Redakteuren teil, sodaß sie die Qualitäten der Verlagsproduktion gegenüber Lehrern und Schulkollegien kenntnisreich und überzeugend vertreten konnten – ein wesentlicher Beitrag zum Erfolg des CVK-Programms auf dem immer stärker umkämpften Schulbuchmarkt. Auch das Berichtswesen und die ständig zunehmenden Versandaktionen der schriftlichen Direktwerbung wurden unter der Geschäftsführung von Gerdts vorbildlich organisiert. Ab Januar 1984 übernahm dann Jürgen L. Peter die Vertriebsleitung in Bielefeld. Als früherer Assistent der Geschäftsleitung des Frankfurter Hirschgraben Verlags verfügte Peter bereits über einen guten Erfahrungsfundus im Schulbuchbereich. Von 1986 bis zur Überführung des Marketingbereichs nach Berlin gegen Ende des Jahres 1992 war er neben Manfred Lösing und Hans-Joachim Olms als Geschäftsführer in Bielefeld tätig.

»Es ist nicht geplant«, so Cornelsen im Mai 1955 in einer Ansprache an die Berliner, Bielefelder und Hannoverschen Mitarbeiter, »die Verlagsleitung in Berlin zu konzentrieren. Mir liegt immer an einer möglichst starken Dezentralisierung der Arbeit, aber zugleich auch an einer möglichst engen Zusammenarbeit dieser dezentralisierten Einzelabteilungen. Man kann nicht dezentralisieren, wenn der Abteilungs-Egoismus vorherrscht. Die Schlagkraft des Cornelsen Verlages lag darin, daß er organisch gewachsen ist und jeder Mitarbeiter ziemlich genau über alle Verlagsgebiete Bescheid wußte, auch über solche Abteilungen, in denen er nur kurz oder noch nie gearbeitet hatte. Darin liegt auch die Stärke des verhältnismäßig kleinen Hannoverschen Betriebes. Ich habe das Gefühl, daß auch der Bielefelder Betrieb im Laufe der letzten Monate in erfreulicher Weise zusammengewachsen ist, obwohl der Verantwortungsbereich des einzelnen geblieben ist. Darum habe ich mich vor einigen Wochen besonders gefreut, als die Inkasso-Abteilung in Bielefeld, die rein räumlich getrennt ist, von sich aus anbot, der Vertriebsabteilung zu helfen, als dort einmal besonders viel Arbeit anfiel.«

Es ist nicht zu übersehen, daß zwischen den Zeilen dieses kurzen Resümees auch jene naturwüchsigen Friktionen angesprochen sind, die sich im Verlauf beinahe jeder Unternehmensakquisition einstellen. Götz Manths rückblickender Befund, die Konstellationen seien »nicht immer leicht« gewesen, bringt im Grunde nur in verknappter Form zum Ausdruck, daß drei bis dahin eigenständige Betriebe mit jeweils eigenen Traditionen und Strukturen nicht ohne weiteres in eine »organische« Einheit zu transformieren waren. Um so erleichterter muß Franz Cornelsen gewesen sein, als sich sein waghalsiges und schwer zu kalkulierendes Modell zu rechnen begann. Cornelsen habe »alle Chancen« des neuen Vertriebssystems »ausnutzen und dadurch mit einem ganz kleinen Verlagsprogramm einen relativ hohen Umsatz erzielen« können. Die Umsätze bei Velhagen & Klasing wie auch bei Meyer-Prior erhöhten sich im Jahr 1954 von rund einer Million DM um 30 Prozent auf 1,3 Millionen DM. An dieser Umsatzsteigerung hatte natürlich der »Putzger« einen maßgeblichen Anteil. »Aber auch die anderen Bücher«, bilanziert ein sichtlich entspannter Verleger, »haben sich gut weiterentwickelt. Das ist der Erfolg einer planmäßigen Verlagsarbeit auf dem Gebiet der redaktionellen, herstellerischen und vertrieblichen Bemühungen.«

Was die architektonischen Veränderungen des Bielefelder Firmenzweiges von gerade einmal zwei Räumen im Gebäude der Industrie- und Handelskammer am Berliner Platz (1948 bis 1952) bis zum imposanten Cornelsen Verlagskontor im östlichen Weichbild der Stadt angeht, so ließe sich allein unter diesem Blickwinkel der rapide Aufschwung des Unternehmens aufs Einprägsamste illustrieren. Zumindest ihre wichtigsten Etappen sollen im Rahmen dieser kurz gefaßten Standortskizze nachgezeichnet werden:

1954, im Jahr der Verlagsübernahme, bezogen Velhagen & Klasing und der Franz Cornelsen Verlag mit etwa fünfzehn verbliebenen Mitarbeitern aus dem Bielefelder Unternehmen unter der Leitung von Willy Blokesch ein neues Domizil in der Ritterstraße, die im übrigen 1975 den Namen Klasingstraße erhielt. Man hatte die untere Etage im Verwaltungsgebäude der traditionsreichen Bielefelder Firma Leinen-KISKER gemietet, in der nun der Vertrieb sowie die im Herbst 1953 vorübergehend aufgelöste Kartographie von Velhagen & Klasing untergebracht wurden. Letztere begann sogleich mit der Weiterentwicklung des »Putzger«. Die Auslieferung befand sich rund fünfzig Meter entfernt in einem baufälligen, von einem Teerpappdach nur notdürftig abgedeckten Gebäude in der Mauerstraße, das heute nicht mehr erhalten ist. Bauliche Provisorien sind offenkundig nicht nur in Berlin feste Bestandteile der Entwicklungsgeschichte des Cornelsen Verlags. Und auch in puncto Personal war man in dieser Übergangsphase auf die hohe Kunst der Improvisation angewiesen. »Aushilfskräfte gab es so gut wie keine«, vermerkt rückblickend eine CVK-Chronik aus dem Jahr 1978, »und in der Saison (damals noch Osterzeit) wurden viele Mitarbeiter zweckentfremdet und arbeiteten vollständig oder teilweise für die Auslieferung.« Walter Bussiek, in dieser Zeit der einzige

Fachberater für Velhagen & Klasing im Außendienst, wurde kurzfristig zurückbeordert und fuhr nun in seinem DKW-Kombi Pakete zur Post.

»Apropos Kraftfahrzeuge! Ein Wagen für Franz Cornelsen – der meistens nicht da war –, ein Käfer für den Prokuristen Erich Richter und für sonstige Fahrten der Firma« sowie besagter Kombi für den Fachberater: »Das war schon die gesamte Firmenflotte. Botengänge und kleinere Buchauslieferungen führte der alte Herr Nolte per Moped durch. Er kapriolte damit auch bei schwierigsten Wetterbedingungen, bei Eis und Schnee,

Im Garten der Binger Straße 29: Willy Blokesch (mit Sonnenbrille) zu Gast bei den Berliner Kollegen

durch die Stadt.« Ähnlich wie knapp zehn Jahre zuvor in Berlin hatte sich Cornelsen mit der vollständigen Problempalette einer Firmenkonsolidierung auseinanderzusetzen – wobei erschwerend hinzukam, daß eine möglichst reibungslose Koordination zwischen zwei räumlich getrennten Standorten installiert werden mußte. Unter solchen Vorzeichen erscheint der Käfer des Prokuristen im nachhinein als anschauliches Symbol sowohl der Größenordnung als auch der Arbeitsleistung des Bielefelder Unternehmenszweiges. Käfer sind klein – und sie gelten als langlebig.

PUTZGER

HISTORISCHER WELTATLAS

CORNELSEN - VELHAGEN & KLASING

Zu den am meisten verbreiteten Lehrwerken von Velhagen & Klasing und Meyer-Prior zählten um 1955 im übrigen neben dem »Putzger« das Englisch-Lehrwerk »Britain and America«, die englischen, französischen und deutschen Schullektüren für Gymnasien, die Realschulbände »Physik« und »Chemie«, die Lesebücher »Freude und Frohsinn«, die für die Volksschulen konzipierten »Biblischen Geschichten«, die Musikbücher »Singt und spielt« sowie einige kaufmännische Fachbücher.

Bekannte Situationen, gemischte Gefühle. Franz Cornelsen dürfte in jenen Jahren manches Déjà-vu-Erlebnis gehabt haben. Denn auch hinsichtlich der verfügbaren Räumlichkeiten unterschied sich die Lage in Bielefeld nur unwesentlich von den hinlänglich bekannten Berliner Verhältnissen. Bereits nach kurzer Zeit fehlte es in der Ritterstraße an den nötigen Frei- und Stellflächen. So wurden Umbaumaßnahmen erforderlich, die sich von nun an »wie ein roter Faden« durch die Bielefelder Verlagsdomizile hindurchzogen. Zuerst halbierte man die einzige Garage, um in der anderen Hälfte ein provisorisches Büro für den Verleger einzurichten, der im übrigen während seiner Bielefeld-Aufenthalte auf einer Bettcouch logierte. Selbstverständlich stand in der Ritterstraße auch keine Küche zur Verfügung. »Die einzige Heißwassertherme des Verlags«, so ein früherer Mitarbeiter in beiläufiger Anlehnung an römische Vorbilder, »befand sich im Keller«, der, um im Bild zu bleiben, gleichzeitig als eine Art ›Agora‹ herhalten mußte. Denn »hier fanden während des Kaffeekochens auch die notwendigen sozialen und betrieblichen Kommunikationen der Verlagsmitglieder statt. Außerdem stand für erschöpfte Mitarbeiter und andere Notfälle eine alte Chaiselongue bereit«, deren kriegsübliches Sägemehlpolster sich bei steigender Frequentierung ausgesprochen malerisch auf dem Fußboden ablagerte.

Die Einstellung von Manfred Lösing im Jahr 1956 erwies sich für das Unternehmen als überaus vorteilhaft. Insbesondere im Zusammenhang mit zu bewältigenden Wachstumsproblemen in Bielefeld wurde er für Franz Cornelsen zum wichtigsten Gesprächspartner. So war es nur folgerichtig, daß ihm 1961 in Anerkennung seiner Verdienste im Alter von neunundzwanzig Jahren – wie schon Jahre zuvor Götz Manth und Hans-Herbert

Gegenüber: Der »Putzger« in der Ausgabe von 1954

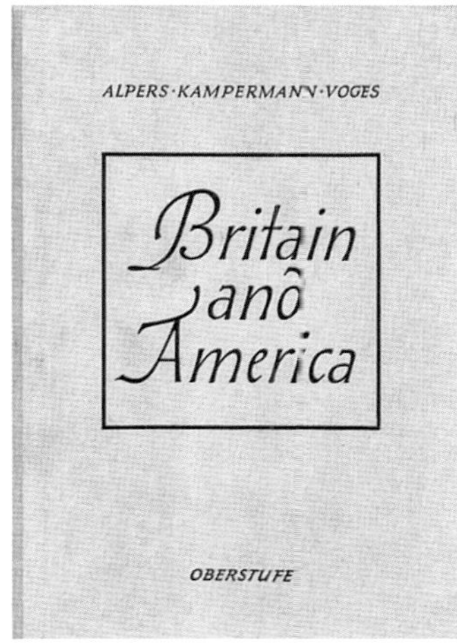

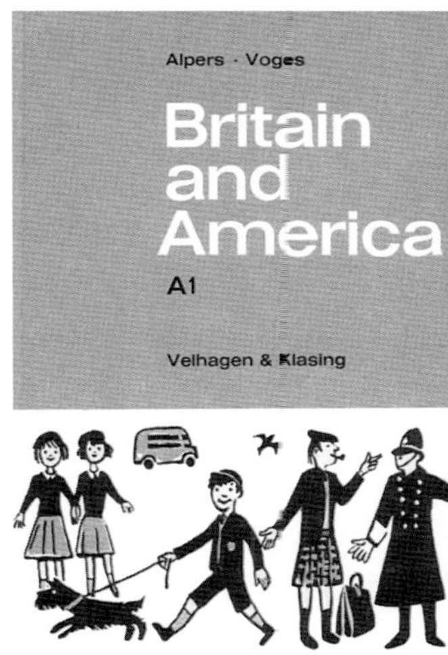

»Britain and America«: Die erste Ausgabe (oben) und die von 1965

Kannegießer in Berlin – Prokura erteilt wurde. 1958 starb nach 35jähriger Tätigkeit für Velhagen & Klasing Willy Blokesch, der bis 1957 unter anderem Redaktionsleiter und verantwortlicher Betreuer des »Putzger« gewesen war. Ähnlich wie Erich Richter bei Meyer-Prior in Hannover hatte Blokesch als Verleger in Bielefeld maßgeblichen Einfluß auf die Entwicklung des Unternehmens während der schwierigen Übergangsphase. Im Jahr 1959 wurde die »Feierabend-Stiftung« wieder aktiviert, die später als »Cornelsen Unterstützungskasse« allen Mitarbeitern der Verlagsgruppe zur Unterstützung in Notfällen und als zusätzliche Altersversorgung diente.

1960 feierte Velhagen & Klasing sein 125jähriges Bestehen. Anstelle einer Festschrift erschien der Katalog »Schulausgaben im Jubiläumsjahr«, der eine komplette Entstehungsgeschichte der Sammlung enthielt. Die ambitionierte Reihe »Neusprachliche Schulausgaben und Lesebogen«, herausgegeben von Dr. Friedrich Lange aus Bielefeld, umfaßte zu dieser Zeit bereits 110 Titel. Prof. G. A. Neidenberger aus Berlin entwarf aus Anlaß des Jubiläums ein neues und zeitgemäßes Verlagssignet, das im Rahmen einer gemeinsamen Feier mit den Mitarbeitern sämtlicher Verlagsstandorte in Bielefeld vorgestellt wurde. Unter dem Titel »Historischer Weltatlas« erschien 1961 eine weitgehend neubearbeitete Jubiläumsausgabe des »Putzger«, der inzwischen die 80. Auflage erreicht hatte und dem nun auch Lizenzausgaben für die Nachbarländer Schweiz und Österreich, später auch für Israel, folgten.

Das V&K-Signet von Prof. Neidenberger

Trotz aller Umbauten und Improvisationskünste wurde der Verlag im Jahr 1961 in das nach seinem Eigentümer benannte »Leffers-Haus« in der Friedenstraße 12 verlegt. Zunächst nutzte man nur die ersten beiden Stockwerke, wenig später dann auch die dritte Etage sowie das Dachgeschoß, das vorübergehend von den »schönen Einbauschränken« der Buchhaltung dominiert wurde. »Es war die Ära der Vorhänge. Vor vielen Nischen, Ekken, Regalen, Räumen wurden des gefälligen Aussehens wegen Vorhänge angebracht. Werbesendungen, natürlich wesentlich weniger als heute, wurden noch weitgehend im Verlag kuvertiert. Fast alles ›tütete‹, vom Lehrling bis hin zum Prokuristen.« Äußerst ungünstig gestaltete sich allerdings die Anlieferung an

Das »Leffers-Haus« in der Friedenstraße

das Leffers-Haus. Das Entladen der LKWs aus Berlin und anderer Großlieferanten kam jedesmal einem Drahtseilakt gleich. Via Personenfahrstuhl wurden die Bücher in die im ersten Stock gelegene Auslieferung transportiert; auf dem Weg zur Post in umgekehrter Richtung. Karl Polscher, der langjährige Leiter der Auslieferung von Velhagen & Klasing in Bielefeld, hatte mit der Bewältigung dieser Probleme alle Hände voll zu tun. Auf die Produktivität zumindest schienen sich die schwierigen räumlichen Verhältnisse nicht ausgewirkt zu haben: 1963 erschien die 82. Auflage des »Putzger«. Der Band war erstmals mit einem Register versehen, das ca. 6000 Stichwörter in Verbindung mit zahlreichen Geschichtsdaten umfaßte. Im selben Jahr startete das »Putzger-Wandkarten-Programm« mit fünf Karten aus der Jubiläumsausgabe von 1961. Diese Serie wurde in der Folgezeit auf insgesamt 32 Wandkarten ausgebaut.

Im Jahr 1963 gründeten Velhagen & Klasing und der Hermann Schroedel Verlag aus Hannover die »Geographische Verlagsgesellschaft Velhagen & Klasing und Hermann Schroedel GmbH & Co KG« (GVG) in Berlin sowie die »Velhagen & Klasing und Schroedel Geographisch-Kartographische Anstalt GmbH« (GKA) mit Sitz in Bielefeld. Anknüpfend an die kartographische Tradition von Velhagen & Klasing wurden der Atlas »Unsere Welt«, das geographische Lehrwerk »Dreimal um die Erde« sowie die Sachunterrichts-Reihe »Unsere Welt ringsum« herausgegeben.

1964 mußte der Bielefelder Verlag, der sich ohnedies mit Umzugsgedanken trug, sein knapp bemessenes Domizil räumen. Leffers hatte Eigenanspruch angemeldet, weil er das Gebäude in eine Hochgarage umfunktionieren wollte. Für einen Zeitraum von sechs Jahren betrieben Cornelsen und Velhagen & Klasing ihre Bielefelder Geschäfte aus der Siechenmarschstraße 46a – einem eigens renovierten Gebäudekomplex im sogenannten Nachtjackenviertel jenseits der Bahnanlagen, in dem bis dahin die Armaturenfabrik Bitter beheimatet war. »Außen viel Teerpappdächer mit Ufo-ähnlichen Glaskuppeln oder beduinengrabähnlichen Glasaufbauten. Aus einigen Fenstern sah man auf regelrechte Dachpapp-Landschaften, kubisch ineinander verschachtelt«, die, allen kunsthistorischen Reminiszenzen zum Trotz, gelegentlich zu Einbrüchen zweckentfremdet wurden.

Der Verlag in der Siechenmarschstraße …

Schon kurze Zeit nach dem Umzug in die Siechenmarschstraße herrschte auch hier akuter Platzmangel. Die Kartographie wurde daraufhin in ein ehemaliges Bananenlager im Nachbarhaus umquartiert – so sehr sich die vorgesehenen Nutzer zunächst auch dagegen sträubten. Mochte der zentralbeheizte Pavillon für die Nachreife der gelagerten Südfrüchte ideale Bedingungen geboten haben; für sensible Kartographen waren die von einem kaum regulierbaren Ölbrenner erzeugten Temperaturen ein echtes Problem. Die notwendigen Isolierungsmaßnahmen schufen Abhilfe, verkleinerten jedoch die verfügbare Nutzungs-

… und das Bananenlager

fläche. Mit klimatischen Herausforderungen ganz anderer Art hatte man es nebenan zu tun: Wenn es einmal etwas stärker regnete, standen die Auslieferung, die Packerei und Teile der Lagerräume fünf bis zehn Zentimeter unter Wasser. Wie bereits in der Friedenstraße kam man auch hier nicht ohne zusätzliche Lagerräume aus. Der große Keller einer Saftmosterei in der Mittelstraße und der Tanzsaal der Gaststätte »Pappelkrug« im Bielefelder Stadtteil Dornberg waren schon seit geraumer Zeit angemietet. Hinzu kamen nun eine idyllisch gelegene Waldbaracke (über die ein früherer Mitarbeiter orakelt, sie habe »ihre eigene Geschichte«) sowie einige Räume in der Teichstraße.

Da sich die beiden Verlage seinerzeit noch deutlich in ihren Programmen unterschieden, war es für den Bielefelder Vertrieb von Velhagen & Klasing nicht unproblematisch, beide Häuser angemessen nach außen zu vertreten. Um diesem Dilemma entgegenzuwirken, wurde am 1. Januar 1966 die »Cornelsen-Velhagen & Klasing Verlagsgesellschaft mbH & Co« in Bielefeld ins Leben gerufen. Ihre Aufgabenbereiche setzten sich aus Auslieferung, Vertrieb und Marketing für das Programm der Verlagsgruppe zusammen, deren Umsatz im selben Jahr die Fünf-Millionen-Grenze überschritt.

Der Entscheidung zur Verselbständigung des Bielefelder Unternehmens unter dem gemeinsamen Namen »Cornelsen-

Velhagen & Klasing« waren zahlreiche lange Gespräche zwischen dem Verleger, Manfred Lösing sowie leitenden Mitarbeitern über die langfristige Entwicklung der Verlage vorausgegangen. Mit der Gründung der Bielefelder Vertriebsgesellschaft war die operative Tätigkeit von Velhagen & Klasing in Bielefeld erloschen, der juristische Hauptsitz wurde zum 1. Januar 1966 nach Berlin verlegt. Auch Lösings beruflicher Schwerpunkt wurde damit gen Osten verlagert, wenngleich ihm in der Folgezeit bis heute wichtige Aufgabenbereiche in seiner Heimatstadt Bielefeld verblieben.

Zur Verstärkung der engeren Führungsmannschaft um Manfred Lösing und Klaus Gerdts wurde im Januar 1969 Hans-Joachim Olms als Nachfolger von Karl Polscher neuer Auslieferungsleiter in Bielefeld. Franz Cornelsen hatte ihn bereits im Herbst 1966 auf der Frankfurter Buchmesse kennengelernt. Olms war Anfang der fünfziger Jahre nach seiner Lehrzeit bei Erich Vogel in den ebenso kleinen wie angesehenen Ploetz-Verlag in Würzburg eingetreten, wo er für Herstellung, Werbung, Auslieferung und Buchhaltung zuständig war. 1967 kehrte er nach Bielefeld zurück, um bei Velhagen & Klasing eine verheißungsvolle Karriere zu beginnen.

1970 erfolgte ein weiterer, »damals schon gut vorbereiteter« Umzug – »Übung macht schließlich den Meister«. Ein zuvor von der »Ravensberger Seidenweberei« genutzter Gebäudekomplex in der Brennerstraße 203 konnte nach umfangreichen Ausbau-

Die Brennerstraße 203

arbeiten von CVK übernommen werden. Zunächst hatte es den Anschein, als sollten die großzügig bemessenen Lagerkapazitäten den steigenden Anforderungen eine Weile standhalten. Wer sich indessen den sprunghaften Anstieg der Umsatzzahlen in den siebziger Jahren vor Augen führt, wird rasch zu der Einsicht gelangen, daß auch die neue Heimstatt in kürzester Zeit zu eng werden mußte. So entschloß sich Franz Cornelsen im Sommer 1977 nach reiflicher Überlegung und sorgfältigen Markt- und Umsatzanalysen, die teilweise doch sehr unbefriedigenden Mietverhältnisse der zurückliegenden Dekade zu beenden und selbst zum Bauherrn zu werden. Ein geeignetes Grundstück von ca. 11.000 qm war vorsorglich bereits 1972 von den in Schwierigkeiten geratenen Ankerwerken erworben worden. Jetzt erwies sich die konjunkturelle Lage als günstig. Und so entstand unter der Federführung von Hans-Joachim Olms in einer für ein Objekt dieser Größenordnung ungewöhnlich kurzen Bauzeit der

Die Kammerratsheide 66, der erste Bauabschnitt

Cornelsen
Cornelsen

erste Bauabschnitt jener imposanten Gewerbeanlage, die wir heute als »Cornelsen Verlagskontor« kennen.

Schon ein kurzer Blick auf die funktionalen Merkmale des neuen Gebäudes verdeutlicht die Dimensionen, in denen seit der festlichen Einweihung im Oktober 1978 gedacht und geplant

Eines der Hochregallager

Gegenüber: Das Verwaltungsgebäude, Lagerhallen, Hochregallager

CVK Logistik-Zentrum

werden konnte: In der Kammerratsheide 66 entstand ein modernes Verwaltungsgebäude, ein Informationszentrum für Lehrer und Eltern, das zeitgemäßen Ansprüchen der Kommunikationstechnik Rechnung trug, sowie ein großflächiges Areal aus Kommissionierungs- und Lagerhallen. Die Auslieferung wurde bereits vor offiziellem Abschluß der Bauarbeiten im April 1978 in Betrieb genommen. »Zunächst bestand bei der Planung und Durchführung trotz gegenteiliger Erfahrungen in der Vergangenheit die Sorge um die Auslastung der Räume, der Technik und der Mitarbeiter«, erinnert sich Manfred Lösing, »nicht zuletzt im Hinblick auf eine gleichmäßige Kapazitätsnutzung, die durch das eigene Schulbuchgeschäft allein nicht gegeben war.« Eine berechtigte Sorge, die zur eigentlichen Geburtsstunde der Cornelsen Verlagsauslieferung führen sollte: Über die eigene Produktion hinaus wurde die Auslieferung in der Folgezeit konsequent auf Dienstleistungen für Fremdverlage ausgeweitet. Heute liefert Cornelsen bereits für über dreißig Verlage aus und nimmt somit auch in diesem Bereich eine beachtliche Position ein. Die Geschäftsführung obliegt derzeit Manfred Lösing, Reinhard Keil und Gerd Söpper.

1982 erweiterte man den Komplex um ein vollautomatisches Hochregallager, das zunächst 5.300 Bücherpaletten Platz bot. Heute umfaßt die Lagerkapazität der 28 m hohen, 63 m langen und 27 m breiten Hochregale insgesamt 40.000 Palettenplätze. Auf einer Gewerbefläche von inzwischen über 41.000 qm ist im Laufe der Jahre ein logistischer Verlagsknotenpunkt mit mehr als 350 Mitarbeitern entstanden, dessen erklärte Zielvorgabe darin besteht, die Auslieferung jedes geführten Titels bereits einen Tag nach Bestelleingang zu ermöglichen. So bringt die hochtechnisierte Verlagsauslieferung etwa in der Schulbuch-Saison ganze Bahnbehälter oder LKW voller Bücher ebenso pünktlich und fehlerfrei auf den Weg wie zahllose Kleinaufträge. Eine beeindruckende Bilanz, die sich nicht nur in den Umsatzzahlen der Verlagsgruppe niederschlägt, sondern auch die Wahl des Standortes Bielefeld voll und ganz rechtfertigt.

»Jeder soll an seinem Schreibtisch ein kleiner Unternehmer sein.«

DIE PHASE DER KONSOLIDIERUNG 1955–1968

Es sollte ungefähr ein Jahrzehnt in Anspruch nehmen, ehe die Sanierung von Velhagen & Klasing als abgeschlossen bezeichnet werden konnte. Franz Cornelsen und sein inzwischen fünfzigköpfiger Mitarbeiterstab hatten in kurzer Folge sowohl die Belastungen der Währungsreform und der Berlin-Blockade als auch die Herausforderung einer riskanten Firmenkonsolidierung gemeistert – einschließlich der Vermeidung des Anschlußkonkurses. So mag man es den in der Tat außergewöhnlichen Umständen zuschreiben, daß dem Unternehmer diese Jahre in der Rückschau als »die schwierigsten, aber auch die schönsten« seiner Verlegertätigkeit erscheinen. Schwierig deshalb, weil bis zum Zeitpunkt der Tilgung jener Verbindlichkeiten, die aus dem Vergleichsverfahren um Velhagen & Klasing resultierten, hart kalkuliert werden mußte. Es ging ums geschäftliche Überleben. Die Bedeutung des Adjektivs »schön« ist demgegenüber ungleich schwerer zu fassen. Setzen sich die »Schönheit« dieser Jahre doch aus der Summe zahlreicher Momentaufnahmen zusammen, die letztlich von einer prägenden kollektiven Erfahrung durchzogen sind: Der Erfahrung, sich im Verlauf einer langwierigen gemeinschaftlichen Anstrengung allen widrigen Bedingungen zum Trotz durchgesetzt zu haben.

Das Haus in der Binger Straße 62, von vorn …

Als hätte es 1954 unmittelbar nach der Übernahme von Velhagen & Klasing auch einer baulichen Geste bedurft, um in aller Bescheidenheit zum Ausdruck zu bringen, daß man im Hause Cornelsen langfristig plante, wurde über einen Zeitraum von gut einem Jahr der Umzug des Verlags in die Binger Straße 62 vorbereitet. Das auf der gegenüberliegenden Straßenseite gelegene bisherige Domizil in der Binger Straße 29 vermochte auf lange Sicht den räumlichen Anforderungen des expandierenden Unternehmens nicht standzuhalten. Der Umsatz beider Verlage lag 1955 bei ca. 1,8 Millionen DM. So entschloß sich Franz Cornelsen nach reiflichen Überlegungen zum Bau eines funktionaleren Verlagshauses. »Viele Erinnerungen hängen mit den alten Arbeitsplätzen zusammen«, so Cornelsen zu seinen Mitarbeitern im Mai 1955, zwei Tage nachdem man die neuen Räume bezogen hatte, »und so mischt

... und vom Garten aus

sich in die Freude immer auch ein wenig Wehmut in der Erinnerung an das Vergangene.«

Für einen Verleger, dem die konkreten und ortsgebundenen Erfahrungen der handelnden Personen nicht weniger bedeuteten als die Umsatzzahlen, weil ihm das eine ohne das andere nicht denkbar erschien, ist dies sicher eine charakteristische Aussage. In solchen Randbemerkungen wird eine Haltung offenbar, die sich wie ein roter Faden durch die Entwicklungsgeschichte des Unternehmens zieht und die mit Sentimentalität keineswegs zu verwechseln ist. So oft man im Verlauf der zurückliegenden fünfzig Jahre auch das äußere Erscheinungsbild des Verlags modifizierte, so unverändert blieb die Überzeugung bestehen, daß die Gegenwart maßgeblich aus den Leistungen der Vergangenheit resultiert. Wer wie Franz Cornelsen zurückliegende Abschnitte nicht einfach ad acta legt, sondern ihren Stellenwert und ihre personengebundene Eigentümlichkeit in der Erinnerung lebendig erhält, dem wird die Vergangenheit weniger zur Hypothek als vielmehr zu einem unverzichtbaren Erfahrungshintergrund. In nichts anderem besteht die sprichwörtliche ›Kunst zu erben‹.

»Dieses Haus«, darauf legte der Bauherr in der Binger Straße 62 Wert, »ist ganz nach Maß gearbeitet, und insofern ist es wohl das schönste von allen drei bisherigen Berliner Verlagsgebäuden« – auch wenn es sich bald als zu klein erweisen sollte und anstelle des Daches ein zweites Geschoß aufgesetzt wurde. Luxus – wer hätte anderes erwartet? – sei hier zwar ebenso wenig getrieben worden wie in Bielefeld, wo man im September 1954 ebenfalls neue Räumlichkeiten beziehen konnte; doch habe man alles Erdenkliche getan, »um den Arbeitsablauf zu erleichtern«. Erst um die Facette der menschlichen Arbeitskraft erweitert, erhält der »wehmütige« Rückblick auf die alten Wirkungsstätten sein entscheidendes Gepräge. Denn ohne den »human factor«, ohne ein engagiertes und verantwortungsbewußtes Team, nutzte der schönste und zweckmäßigste Arbeitsplatz wenig. Wie bedeutsam die stetige Verbesserung nicht nur der Arbeitsmethoden, sondern eben auch der Arbeitsbedingungen für die Steigerung der Produktivkraft und damit des Lebensstandards sein konnte, hatte Cornelsen in den Vereinigten Staaten erfahren.

Das Arbeitszimmer des Verlegers, das auch als Ausstellungsraum diente

Eine Wechselwirkung, die er Schritt für Schritt für sein eigenes Unternehmen umzusetzen versuchte und die darüber hinaus seinen Vorstellungen von einer erfüllten und sinnvollen Tätigkeit entsprach.

»Man verwendet eine ungeheure Mühe darauf«, konstatierte Franz Cornelsen gegenüber seinem Mitarbeiterstab im Frühjahr 1955, »die Fabrikationskosten um einige Prozente zu senken, indem neue Maschinen aufgestellt werden, oder besondere Transporteinrichtungen oder bestimmte Fertigungsabläufe verbessert werden. Bei einem Betrieb von immerhin fünfzig Menschen spielt es eine ebenso große Rolle, ob es möglich ist, die Arbeitsleistung auch nur um zehn Prozent zu erhöhen, ohne damit den einzelnen mehr zu beanspruchen als vorher. Das Ideale ist selbstverständlich, daß der einzelne sehr viel mehr leisten kann und trotzdem seine Nerven weniger strapaziert werden.« Was den amerikanischen Arbeitnehmer auszeichne, sei seine gesunde Unzufriedenheit mit dem, »was bisher geschafft worden ist. Er bemüht sich unablässig, durch Schaffung immer besserer Arbeitsmethoden und Arbeitsbedingungen in Werkstatt und Büro die Leistung zu steigern«.

Eine Herangehensweise, die in Cornelsens Augen als vorbildlich gelten mußte. Und so folgt denn auch der eindringliche Appell an die konstruktive Unzufriedenheit seiner Mitarbeiter auf dem Fuß. Der Verleger fordert eine notorische Kritik am Bestehenden, weil er weiß, daß jede Form von Saturiertheit ins unternehmerische Abseits führen muß. »Aus diesem Grunde möchte ich Sie alle bitten, sich mit dem bisher Erreichten nicht zufrieden zu geben und sich immer wieder zu überlegen, wo man Arbeit sparen kann, damit die Leistung größer wird, und damit auch die Möglichkeiten für Gehaltserhöhungen geschaffen werden. Die Möglichkeiten für Gehaltserhöhungen hängen künftig sehr viel mehr von Ihnen als von mir ab. Ich kann nur dafür sorgen, daß Sie in Ihrer freien Entfaltung nicht behindert werden, daß die Vorschläge, die im Interesse der Umsatzerhöhung und Rationalisierung gemacht werden, sorgfältig geprüft werden und nach Möglichkeit Geld dafür zur Verfügung gestellt wird.«

Cornelsen skizziert hier den Typus des mitdenkenden Arbeitnehmers, der sich selbst als integraler Bestandteil einer gemeinsamen Unternehmung begreift. Nicht der gleichgültige und stumpfe Empfänger von Anweisungen sei zukünftig gefragt, sondern der umtriebige, verantwortungsbewußte und querdenkende Mitarbeiter. Auch dies mag letztlich als Reflex auf die Untertanenmentalität zu bewerten sein, die während des ›Dritten Reiches‹ gefragt war. Der einfache Zirkelschluß dieser überaus modern anmutenden Führungs- und Steuerungsprinzipien indessen lautet: Wer etwas fürs Unternehmen tut, tut zugleich etwas für sich. Denn die gesteigerte Effizienz eines Unternehmenszweiges, die sich beispielsweise in Rationalisierungsmaßnahmen niederschlägt, kommt sowohl in zeitlicher Hinsicht als auch finanziell, durch die Erhöhung des Umsatzes und damit der Reallöhne, dem Arbeitnehmer zugute. An Stellenabbau zumindest ist hier nicht gedacht. Es geht vielmehr um die Durchsetzung eines zeitgemäßen, antihierarchischen Denkens, dessen Dreh- und Angelpunkt der mündige Mitarbeiter ist.

Als der Buchhändler Dieter Buchhierl, der seit 1947 bei Nicolai, Born und Robert Kiepert gearbeitet hatte, im Frühjahr 1955 sein Einstellungsgespräch mit Franz Cornelsen führte, hörte er zum erstenmal jene Formel, die die Philosophie des Verlags wohl am bündigsten ausdrückt: »Was wir da alles besprochen haben, ist mir längst entfallen – bis auf diese Einzelheit. Sie hat sich mir als besonders charakteristisch eingeprägt. Herr Cornelsen fragte mich: ›Was war denn bei Kiepert abends eigentlich immer so in der Kasse?‹ – und war sehr verwundert, daß ich das nicht wußte. Nur Robert Kiepert und sein Schwiegersohn machten den Kassenabschluß. ›Solche Geheimnistuerei taugt nichts‹, meinte Franz Cornelsen, und es folgte ein später noch oft gehörter und variierter Ausspruch: ›Hier soll jeder an seinem Schreibtisch ein kleiner Unternehmer sein.‹«

Dieter Buchhierl, Mitte der fünfziger Jahre

Buchhierl entschloß sich 1955, für ein Anfangsgehalt von fünfhundert DM aus dem wissenschaftlichen Sortiment zu Cornelsen zu wechseln. »Ich hatte das Glück, in einen noch kleinen, dynamischen Verlag zu kommen, in eine überschaubare, persönlich eng verbundene, optimistische Gruppe von jungen Leuten. Ich hatte das Glück, Jahr für Jahr mit diesem Unternehmen und seinen Menschen zu wachsen.« Wie in späteren Jahren noch oft wurde Buchhierl zunächst nach Bielefeld geschickt, um dort die

Buchhandlung von Velhagen & Klasing in der Obernstraße zu reorganisieren. Das Ehepaar Cornelsen hoffte, diesen Traditionsbetrieb – aus dem der Verlag V & K hervorgegangen war – wieder in Gang bringen zu können. Da die gute Absicht jedoch zu viele Kräfte band, die zur Sanierung des Verlags dringender gebraucht wurden, trennte man sich 1964 vom Sortiment.

In Berlin leitete Buchhierl die Bereiche Vertrieb und Auslieferung, übernahm aber mit der Zeit auch immer mehr redaktionelle Aufgaben (Fachbücher, Liedersammlungen, das Biblische Lesebuch »Hören und Antworten« sowie die Zeitschrift »Englisch«). Darüber hinaus betreute er die Herstellung der fremdsprachigen Cassetten-Produktion und war in der damals noch rudimentären Werbeabteilung tätig, die er im Lauf der Jahre in enger Abstimmung mit den Berliner Redaktionen und dem Bielefelder Vertrieb voll ausbaute. Hier entstanden die Mehrzahl der Kataloge, Prospekte, Anzeigen und Direktbriefe an die Lehrerschaft. Aufgrund der Vielzahl seiner Betätigungsfelder trat Buchhierl jedoch nur noch selten als »Hausdichter« bei Geburtstagen und Verlagsfesten in Erscheinung.

Als ein typisches Beispiel für die Anpassungsfähigkeit der »Generalisten« des Verlags mag der folgende Entwicklungsschritt stehen: Nachdem Cornelsen seit Ende der fünfziger Jahre Sprachschallplatten zu »Peter Pim and Billy Ball« herausgebracht hatte, wurden – den USA-Erfahrungen des Verlegers folgend – Tonbänder und Dia-Serien für die audiovisuelle Arbeit im Sprachlabor entwickelt und produziert. Da zu dieser Software in den Augen des gelernten Diplom-Ingenieurs Franz Cornelsen aber auch die Hardware gehörte, übernahm sein Verlag von der Aschaffenburger Spezialfirma Autenrieth & Schmidt den Vertrieb von elektronischen Sprachlehranlagen. Als der Bund in den Jahren 1967/68 ein großes Gemeinde-Investitionsprogramm zur Wirtschaftsförderung startete, gelang es Franz Cornelsen und Götz Manth, den Senator für das Schulwesen in Berlin durch ein methodisch-didaktisch fundiertes Memorandum davon zu überzeugen, daß die ursprünglich nur für weiterführende Schulen vorgesehenen Sprachlehranlagen unbedingt auch in den Englisch-Anfangsunterricht der Grundschulen gehörten. »Peter Pim and Billy Ball« war in diesen Schulen bereits eingeführt.

Nun konnte Cornelsen auch den dazugehörigen praxiserprobten Sprachlabortyp sowie die passende Software anbieten – alles aus einer Hand. Dieter Buchhierl hatte die Aufgabe zu lösen, binnen eines Jahres A&S-Anlagen mit über 600 Schülerarbeitsplätzen an Grund- und Hauptschulen einschließlich der Tonbandkurse und Dia-Serien zu installieren: von der Auswahl geeigneter Räume bis zur Einweisung der Englischlehrer in die Benutzung der Anlagen im Unterricht. Auch den Eltern wurde das neuartige Verfahren demonstriert und erläutert.

Erst im Verlauf der weiteren Entwicklung und des immer schnelleren Wachstums der Verlagsgruppe konzentrierten sich die »Generalisten« der Gründerjahre zusehens auf bestimmte Ressorts – Dieter Buchhierl auf die zentrale Werbeabteilung in Berlin. »Dabei hat er es sich nicht nehmen lassen«, so Franz Cornelsen 1988 in seiner Laudatio auf eines der wichtigsten »Unikate« in der Geschichte des Verlagshauses, »die Mehrzahl seiner Manuskripte und die interne Korrespondenz auf der ihm liebgewordenen kleinen Schreibmaschine zu tippen. Die Arbeitsleistung von Dieter Buchhierl ist für jüngere Mitarbeiter nicht leicht vorstellbar, ebenso die Verlagskenntnisse, die er sich in mehr als dreißig Jahren aneignete. Denkt man dann noch an seine Privatlektüre über Kunst, Geschichte und Literatur oder an den liebevoll gepflegten großen Garten in Zehlendorf, dann bleibt es ein Rätsel, wann er das auch noch gemacht hat.«

Um zu verdeutlichen, wie ernst Franz Cornelsen auch weiterhin seine gesellschaftlichen, über das Tagesgeschäft hinausgehenden Aufgaben nahm, sei hier nur an drei Funktionen erinnert, die der Verleger in den fünfziger und sechziger Jahren erfüllte. Von 1955 bis 1960 fungierte er zunächst als Vorsitzender der Arbeitsgemeinschaft der Schulbuchverleger, ab 1956 als Gründungsvorsitzender des auf seine Initiative geschaffenen Verbandes der Schulbuchverlage, dessen Sitz zunächst von Braunschweig nach Berlin überführt, 1957 schließlich nach Frankfurt/M. verlegt wurde. In den Jahren 1956 bis 1963 war er als Gründungsvorsitzender des Verbandes der Kartographischen Verlage tätig, der ebenfalls in Frankfurt angesiedelt war. Globale Intentionen verfolgte er mit dem »Verein zur Förderung der Bildungshilfe in Entwicklungsländern«, dessen Gründung er aufgrund seiner Erfahrungen aus UNESCO-Tagungen dem Berliner Senat nach dem Mauerbau 1961 vorschlug. Cornelsen amtierte in den Jahren 1960 bis 1965 als Gründungsvorsitzender des Vereins. In diesen Jahren unternahm er umfangreiche Reisen etwa zur UNESCO nach Paris und Genf, zum State Departement nach Washington oder zu den Ford- und Franklin Foundations nach New York. Zudem führte Cornelsen zahlreiche Seminare an der amerikanischen Ostküste durch. Es bleibt ein Rätsel, »wann er das auch noch gemacht hat« (sic.). 1965 übergab er den Vorsitz des Vereins an den Direktor des Internationalen Schulbuchinstituts in Braunschweig, Professor Dr. Georg Eckert.

In der zweiten Hälfte der fünfziger Jahre begann Cornelsen auch im naturwissenschaftlichen Bereich mit der Schaffung einer eigenen redaktionellen Kapazität. Entscheidenden Einfluß auf diese Entwicklung hatten wiederum die Erfahrungen Franz Cornelsens auf seinen verschiedenen USA-Reisen, denen er nachhaltige Eindrücke im Hinblick auf zeitgemäße Produktions- und Organisationsformen zu verdanken hatte. Um diese zu vertiefen und für den eigenen Verlag nutzbar zu machen, schickte er den damaligen Herstellungsleiter Hans-Herbert Kannegießer für sechs Monate in die Vereinigten Staaten, um dort in mehreren Verlagen, darunter Row, Peterson & Co. in Evanston, Illinois, und Silver Burdett in Morristown, New Jersey, zu hospitieren. Hochmotiviert und »voller guter Ideen« zurückgekehrt, bemerkte Kannegießer: »Wenn man gesehen hatte, wie professionell das drüben lief, fand man die hiesigen Verhältnisse doch recht ärmlich und kleinkariert.«

Kannegießers Vorschlag, auch bei Cornelsen eine naturwissenschaftliche Schulbuchredaktion aufzubauen, ging natürlich von der Übernahme seiner »amerikanischen Erfahrungen« und deren Adaption auf deutsche Verhältnisse aus. An die Stelle der bisherigen Schulbuchverlagspraxis – freie Autoren, meist Lehrer, schrieben die Bücher, und deren Texte wurden mehr oder weniger unbearbeitet übernommen und gedruckt – sollte nun eine systematische redaktionelle Betreuung und Gestaltung der Schulbücher im Verlag treten. Gemäß der bewährten Maxime, nach der ein Anreger von Neuerungen auch gleich zu ihrer Umsetzung verpflichtet wird (»gute Idee, machen Sie's!«), fiel

Kannegießer die Verantwortung für den Aufbau wie auch für die Leitung der neuen Redaktion zu – ein »full time job«, den er bis zum Jahr 1965 innehatte. Viele seiner damaligen Ideen und Denkanstöße werden noch heute aufgegriffen und fortgeführt.

Sein erstes Projekt, gleichsam der Nukleus der redaktionellen Arbeit im entstehenden Bereich Naturwissenschaften bei Cornelsen, bestand in einer völligen Neubearbeitung und Umgestaltung des alten Realschulwerks »Physik« von Velhagen & Klasing, das, von einigen vordergründigen »Entnazifizierungen« abgesehen, noch aus den vierziger Jahren stammte. Die Altautoren Hans Gerhardt, Ernst Kruse und Dr. Heinrich Steinkopf, alle gestandene Mittelschul-Pädagogen, erklärten sich bereit, die Neubearbeitung mitzutragen. Professor Leonhard Stiegler von der Universität Bielefeld sollte als Naturwissenschaftler der jüngeren Generation der neuen Ausgabe die entscheidenden Modernisierungsimpulse geben. Als promovierter Physiologe und erfahrener Didaktiker und Unterrichtspraktiker vertrat Stiegler einen Ansatz, der nicht die Mitteilung von Fakten, sondern die Vermittlung von Einsichten durch Problematisierung, Theoriebildung und deren experimentelle Überprüfung als Erkenntnisweg in den Vordergrund stellte; ein Akzent, der dem neuen, auf Anschaulichkeit und Anregung basierenden Gesamtkonzept des Verlags natürlich entgegenkam. Unter Kannegießers Moderation und Redaktion wurde zunächst der Physikband 1 gänzlich neu geschrieben und von dem Graphikerehepaar Lothar und Hannelore Lehmann hervorragend illustriert, wobei die Verständlichkeit des Textes wie auch die Veranschaulichung durch didaktisch gestaltete Graphiken die Schüler stimulieren und so das Lernergebnis sichern sollten.

Der Erfolg des 1963 nach mehrjähriger Entwicklungsarbeit erschienenen neuen Werkes »Natur und Technik«, dem später ein zweiter Band unter redaktioneller Mitwirkung von Dr. Walter Baier folgte, gab dem Verlag wie auch der Redaktion recht. Dieser Titel war über Jahre einer der Marktführer unter den Realschulbüchern. »Klett und Schroedel, die damaligen Hauptkonkurrenten, hatten nun einen ernstzunehmenden Mitbewerber«, erinnert sich Kannegießer. Und nicht nur das: Aus dem Nukleus der Ein-Mann-Redaktion von 1957 und deren Erstlingswerk entstanden im Laufe der Jahre eine professionelle Redaktionsgruppe sowie ein umfangreiches Verlagsprogramm, das unter dem Motto »Natur und Technik« von der Grundschule bis ins Gymnasium reicht. Besonders in der Hauptschule wirkte sich dieses Programm unter der Federführung Leonhard Stieglers bahnbrechend für den naturwissenschaftlichen Unterricht aus.

Das Lehrwerk »Peter Pim and Billy Ball« hatte im Verlauf der frühen fünfziger Jahre markante Umsatzrückgänge zu verzeichnen, die vor allem durch den schleichenden Niedergang des Englischunterrichts an den Volksschulen verursacht wurden. Rangierten die Umsatzzahlen für den ersten Band im Jahr 1950 noch bei rund 120.000 verkauften Exemplaren, so war fünf Jahre später ein Minusrekord von gerade einmal 48.000 verkauften Exemplaren zu verzeichnen. Ermutigt durch die Auswertung der Erfahrungen und Anregungen zahlreicher Englischlehrer, entschloß sich der Verlag zu einer Überarbeitung des Lehrwerks, die Hildegard Cornelsen – unterstützt durch ein Team von Engländerinnen, Lehrern und Didaktikern – als alleinige Autorin und Gestalterin verantwortete. Nach zweijähriger Vorarbeit erschien im Jahr 1956 der erste Band der Neufassung, der – wie auch die Folgebände – große Zustimmung fand. Durch die steigenden Umsätze konnte Hildegard Cornelsen mit ihrer Arbeit entscheidend zur finanziellen Konsolidierung des Unternehmens beitragen.

Anfang der sechziger Jahre verabschiedete die Europäische Kultusministerkonferenz eine Empfehlung zur obligatorischen Einführung einer Fremdsprache an allen Schulen. Im Jahr 1964 beschloß daraufhin die deutsche Kultusministerkonferenz, eine Fremdsprache – in der Regel Englisch – als Pflichtfach an allen Volksschulen einzuführen. Genau zu diesem Zeitpunkt stand nun die Neubearbeitung von »Peter Pim and Billy Ball« zur Verfügung, die durch Schallplatten, Übungstonbänder für Sprachlabore, Wandbilder und Haftbildelemente ergänzt wurde. In der Überzeugung, daß ein erfolgreicher Unterricht nur bei entsprechender Aus- und Fortbildung der zum Teil ungenügend vorbereiteten Lehrerinnen und Lehrer möglich sei, förderte Franz Cornelsen in dieser Zeit mehrere Projekte, darunter die Lehrerhandbücher zu »Peter Pim and Billy Ball«, die arbeitsteilig von

Hildegard und Franz Cornelsen bei der gemeinsamen Arbeit

Harald Gutschow und Peter W. Kahl (damals Dozenten, später Professoren an den Hochschulen Berlin und Hamburg) geschrieben wurden. Hinzu kamen die Veröffentlichung der von Gutschow verfaßten Methodik »Englisch an Volksschulen« (1964), die Gründung der von Gutschow und Kahl herausgegebenen »Englisch – Zeitschrift für Englischlehrer« (1965) und schließlich die Vorarbeiten zu einem Studienlehrgang, die zur Grundlage eines Lehrgangs des Deutschen Instituts für Fernstudien in Tübingen wurden.

Dieses verlegerische Konzept entsprach der grundlegenden Einsicht Franz Cornelsens, daß angesichts des hohen Personalkostenanteils im Schulwesen den zusätzlichen Ausgaben für die Weiterbildung der Lehrer, wie auch für ihr »Handwerkszeug« – die Lehrmaterialien – eine besondere bildungsökonomische Bedeutung zukam. Der Erfolg dieser Bemühungen blieb nicht

aus. Der Cornelsen Verlag konnte seine Position als Marktführer im Englischunterricht an den Volksschulen ausbauen. Die Verlagsumsätze stiegen, die angespannte Finanzlage begann sich zu lockern. Endlich sollte sich jene aufmunternde Redewendung des Verlegers bewahrheiten, die bis dahin nur im Reich der geflügelten Worte Gültigkeit beanspruchen durfte. Alles werde besser, so Franz Cornelsen zu zahllosen Anlässen, »wenn wir erst in die Gewinnphase kommen ...«.

Der luzide Kenntnisstand hinsichtlich der Situation an den bundesdeutschen Volksschulen, von dem der Verlag nun profitierte, war nicht zuletzt auf die Ergebnisse einer einjährigen Studienreise zurückzuführen, die Thomas Ellwein in den Jahren 1959 und 1960 auf Betreiben von Franz Cornelsen durchgeführt hatte. Sein im Cornelsen Verlag publiziertes Buch »Was geschieht in der Volksschule?« fand nicht nur große Beachtung seitens der Fachöffentlichkeit, es vermittelte dem Verleger auch erhellende Einblicke in die spezifische Bedarfslage jener Schul- und Unterrichtsform. Cornelsen selbst nahm 1959 an einem vierwöchigen Seminar über Erziehungsprobleme teil, das auf Schloß Leopoldskron bei Salzburg veranstaltet wurde. Bei dieser Gelegenheit lernte er den langjährigen Präsidenten der Harvard-Universität, James Bryant Conant, kennen, zu dem er seitdem ein freundschaftliches Verhältnis unterhielt. Conant war von 1953 bis 1957 als US-Hochkommissar und erster Botschafter der USA in Bonn tätig. Danach untersuchte er zwei Jahre lang im Auftrag der Carnegie-Stiftung das High-School-Wesen in den Vereinigten Staaten. Als ein Ergebnis dieser Analyse von insgesamt 100 Schulen brachte Cornelsen 1961 Conants Buch »Kinder – Eltern – Schule – Staat: Die Verantwortung des Bürgers für die Schule« heraus, das fruchtbare Vergleiche mit dem deutschen Bildungswesen und seinen Traditionen erlaubte. Als späterer Sonderbeauftragter der Ford Foundation hat er nach dem Mauerbau in Berlin die Entwicklung des Pädagogischen Zentrums und die Gründung des Max-Planck-Institus für Bildungsforschung unter Professor Hellmut Becker als erstem Direktor gefördert und vorangebracht.

Überhaupt pflegte Franz Cornelsen in den späten fünfziger und frühen sechziger Jahren umfassende und teilweise enge

Franz Cornelsen, Mitte der sechziger Jahre

Kontakte in den Vereinigten Staaten. Einer Reise zwei Jahre nach der Übernahme von Velhagen & Klasing folgten ab 1961 regelmäßige, zum Teil ausgedehnte Aufenthalte in den USA. Sowohl der amerikanische Schulbuchmarkt als auch das dortige Bildungs- und Unterrichtswesen erschienen ihm schon seit 1953 vorbildhaft und zukunftsweisend für die bundesdeutsche Situation zu sein, so daß er eigene Verlagskonzepte vor dem Hintergrund überseeischer Pilotprojekte modifizierte. Eine Schlüsselstellung nahmen in diesem Zusammenhang die Ökonomie des

Bildungswesens, die unter anderem eine enge Kooperation privater und staatlicher Leistungen vorsah, sowie die Einführung und Weiterentwicklung technischer Medien ein, die auf die Amerikaner eine weitaus größere Anziehungskraft ausüben als auf Europäer. »Sie sind«, so Cornelsen in einem Vortrag über den amerikanischen Schulbuchmarkt, »gadget-minded. Diese Einstellung hat die Einführung technischer Medien in den amerikanischen Schulen erleichtert. Da in den USA für Lehrmedien sehr viel mehr Geld zur Verfügung steht als in den meisten europäischen Ländern, sind technische Medien an den Schulen dort stärker verbreitet als bei uns. Aber auch in den USA haben Schulverwaltungen und Pädagogen erkannt, daß eine wirksame und umfassende Verbesserung des Unterrichts mit Hilfe technischer Medien nur dann möglich ist, wenn neben den Mitteln für die Anschaffung von Geräten (Hardware) auch ausreichende Mittel für die Entwicklung und Anschaffung von Programmen und Lehrmaterialien (Software) für diese Geräte und für die Ausbildung der Lehrer in der Anwendung dieser Materialien bereitgestellt werden.«

Dasselbe Thema war Gegenstand eines »Memorandums über Sprachausbildungsgeräte und -anlagen für die Schulen«, das Franz Cornelsen im Anschluß an seine USA-Reise im November 1961 formulierte. Adressat war der Vorstand der Berliner Telefunken GmbH, der davon überzeugt werden sollte, die bisherige Zusammenarbeit mit Velhagen & Klasing hinsichtlich der Entwicklung und Verbreitung audio-visueller Lehrgeräte für den Fremdsprachenunterricht zu intensivieren. Er, Cornelsen, habe während seiner Informationsreise den Eindruck gewonnen, »daß bei geschickter Ausnutzung der dort bereits angesammelten Erfahrungen und der sich daraus anbahnenden Entwicklungen auch hier in Deutschland für Sie als elektrotechnisches Unternehmen, zum kleineren Teil für uns als Schulbuchverlag, ein beträchtlicher Markt erschlossen werden kann. Weitere Aussichten und Möglichkeiten sehe ich im Zusammenhang mit einem ›Schulbuch-Institut für Entwicklungsländer‹, das jetzt auf meinen Vorschlag hin in Berlin konstituiert werden soll und für das ich an vorbereitenden Gesprächen teilgenommen habe«.

Cornelsen erwies sich bei solchen Anlässen nicht nur als geschickter Vermarkter in eigener Sache, er lieferte auch Musterbeispiele vernetzten Denkens. Bestand der erste Schritt zunächst einmal in einer guten Idee, die allein aber noch nichts wert war, so bedurfte es im folgenden zu ihrer Umsetzung der Kooperation mit kompetenten und leistungsstarken Partnern. Cornelsen erklärte Telefunken, was ein Elektrokonzern von einer stärkeren Investition in audio-visuelle Medien nach amerikanischem Vorbild zu erwarten habe. Gewinne nämlich, und zwar in stattlicher Höhe. »Rechnet man bei einem Zehn-Jahres-Umsatz von 50 Millionen DM mit etwa 5 Prozent zulässigen Entwicklungskosten, so ergibt sich ein Betrag von 2,5 Millionen DM. Wenn Telefunken bereit ist, Anlaufkosten von mindestens 100.000 DM im Jahr aufzuwenden, dürfte es gelingen, auf dem Gebiet des Schulwesens in diese Umsatz-Größenordnung hineinzukommen (...) Im Rahmen der bisherigen Zusammenarbeit werden wir gewiß durch meine Verbindungen in den USA in absehbarer Zeit Sprach-Lehrmaterial für verschiedene Kultursprachen zur Verfügung stellen können. Es erscheint aber fraglich, ob die Führungsrolle von Telefunken auf diesem Gebiet damit allein zu sichern ist.«

Von solchen strategisch kalkulierten Hinweisen einmal abgesehen, die vor allem das taktische Geschick des Verlegers bei der Realisierung seiner ambitionierten Planungen ins rechte Licht rücken, ist an Cornelsens amerikanischen Markt- und Branchenanalysen die Intention bemerkenswert. Es ging ja keineswegs darum, die Verhältnisse in den USA lückenlos auf den bundesdeutschen Schulbuchmarkt zu übertragen. In seinen Studien beobachtete Cornelsen die Stärken und Schwächen eines Modellfalls, um angemessene Folgerungen für den heimischen Markt daraus abzuleiten, um gegebenenfalls aus Fehlern zu lernen und um die im internationalen Maßstab rückständige Entwicklung in Deutschland voranzubringen. Dabei bestand sein Ziel in einem ausgewogenen Verhältnis zwischen formalen oder technischen Instrumentarien einerseits und menschlicher Leistungsfähigkeit andererseits. Es war im Grunde dasselbe Problem wie mit den aufwendig eingerichteten Arbeitsplätzen – denn auch eine Schulbank ist in gewisser Hinsicht ein Arbeitsplatz; der teuerste Computer bleibt nutzlos, wenn man ihn nicht bedienen kann oder will; das kostspieligste und modernste Sprachlabor wird keinen Effekt erzielen, wenn die verwendeten Programme nicht die richtigen sind.

Um diesem fatalen Mißverhältnis vorzubeugen, ließ Franz Cornelsen keine Gelegenheit ungenutzt, auf die Bedeutung des Erziehungswesens für die Volkswirtschaft hinzuweisen. Bildung rangierte in seiner Werteskala in jedem Fall vor der Ausstattung. Audio-visuelle Medien erschienen ihm sinnvoll, sofern sie effizient eingesetzt wurden; ein Selbstzweck zumindest war ihnen nicht eigen. Nur, daß sich diese Mediensysteme bei richtiger Anwendung als nützlich erweisen *könnten*, davon war Cornelsen nach seinen USA-Reisen überzeugt. Die zentrale Kategorie hieß 1961 »human investment«: »Die führenden Volkswirte der Welt«, hieß es in einem »notwendigen Exkurs« zu seinem Memorandum an Telefunken, »betonen immer stärker die Bedeutung des ›human investment‹. Die Rechengesetze der klassischen Nationalökonomie, die sich auf die Faktoren Boden, Arbeitszeit und Kapitalgüter beschränkten, stimmen nicht mehr. ›Human investment‹ ist mehr als der alte volkswirtschaftliche Begriff der ›Arbeit‹ – es ist die Kapitalbildung in den menschlichen Gehirnen und Händen durch Erziehung und die Gewöhnung der Menschen an wohlorganisiertes Zusammenwirken durch Ausbildung. Das sogenannte deutsche ›Wirtschaftswunder‹ ist kein so großes Wunder mehr, wenn man bedenkt, daß der bundesdeutschen Wirtschaft nach der Währungsreform rund 25 Millionen arbeitsfähige und arbeitswillige Menschen zur Verfügung standen. Ohne Zweifel haben hervorragende Wirtschaftsmaßnahmen der öffentlichen Hand und private Unternehmerinitiative den rapiden Aufbau nach 1948 in Gang gesetzt und vorangetrieben. Ohne das ›Kapital im Menschen‹ aber wäre diese erstaunliche Leistung nicht zu vollbringen gewesen.«

Während einer weiteren USA-Reise im Oktober 1964 lernte Franz Cornelsen das sogenannte Tannenbaum-Projekt kennen, das unter dem Eindruck des »Sputnik-Schocks« im Erziehungsministerium in Washington erarbeitet worden war. Es ging dabei um die Entwicklung eines naturwissenschaftlich-technischen

Experimental-Unterrichts für die Grundschule – ein Konzept, das Cornelsen schon deshalb überzeugt haben dürfte, weil es auf der für ihn so bedeutsamen Idee des »learning by doing« basierte. Einhergehend mit dem stetigen Aufbau naturwissenschaftlicher Fachredaktionen forcierte der inspirierte Verleger nach seiner Rückkehr die Ausarbeitung eines vergleichbaren Praxisprogramms, aus dem nach rund vierjähriger Entwicklung ab 1970 die »CVK-Boxen« hervorgingen. Ähnlich wie die zweite Generation von »Peter Pim and Billy Ball« oder die »Cornelsen-Bogen« sollten diese Experimental-Einheiten für den Sachkunde-Unterricht an Grundschulen in den folgenden Jahren enorme Umsatzzahlen erreichen. Über 100.000 verkaufte Boxen, von deren Konzeption später noch die Rede sein soll, haben bei Millionen von Grundschülern ein lebhaftes Interesse an diesem, für die Grundschule neuartigen Unterricht ausgelöst.

Umbau und Aufstockung des Hauses in der Binger Straße 62, 1966

Im Zusammenhang und parallel zur wachsenden Konturierung des Bielefelder Verlags kam es 1968 in Berlin zu zwei folgenreichen Gründungen: Zunächst wurde der Cornelsen-Velhagen & Klasing Verlag für Lehrmedien als Nachfolger des Berliner Franz Cornelsen Verlags und des Verlags Velhagen & Klasing aus der Taufe gehoben. Als wichtige Voraussetzung für die Schwerpunkte Vertrieb und Auslieferung in Bielefeld lagen dessen Aufgaben in den Bereichen Entwicklung, redaktionelle Gestaltung und Herstellung des gemeinsamen Programms der beiden Verlage. Von der zweiten Neuerung, der »Franz Cornelsen Stiftung Berlin«, die fortan als alleinige Gesellschafterin des Berliner Verlags fungierte, wie auch von der ein Jahr später gegründeten »Hildegard Cornelsen Stiftung Bielefeld«, soll ausführlicher im folgenden Kapitel die Rede sein. Schließlich waren 1968 auch in graphisch-visueller Hinsicht Veränderungen zu verzeichnen: Die vertrauten Signets der Verlage Franz Cornelsen und Velhagen & Klasing – die in stilisierter Form die Buchstaben CV bzw. VK verkörperten – wurden durch ein neues, zeitgemäßeres CVK-Signet abgelöst, das die Gemeinsamkeit der bis dahin getrennt wahrnehmbaren Verlage in den Vordergrund stellte.

Versucht man die Erträge der zurückliegenden Jahre seit der Übernahme von Velhagen & Klasing 1954 bis zur Zusammenführung der beiden Verlage im Jahr 1968 zusammenzufassen, so lassen sich letztlich zwei Perioden ausmachen, die jeweils auf eigene Art und Weise die Entwicklung der Cornelsen-Gruppe beeinflußt haben. Die erste Periode muß als Sanierungsphase bezeichnet werden. Sie umfaßt das Jahrzehnt zwischen 1954 und 1964 und wurde durch die bahnbrechende Entscheidung der Kultusministerkonferenz, dem Fremdsprachenunterricht an den Volksschulen den Status eines Pflichtfachs zukommen zu lassen, beendet. Der damit verbundene Innovationsschub vor allem im Bereich des elementaren Englisch-Unterrichts brachte Cornelsen endgültig aus den roten Zahlen.

Der Schwerpunkt der zweiten Periode bestand in einer vollständigen Neugestaltung des naturwissenschaftlichen Verlagsprogramms, wobei den Lehrmitteln für die Hauptschulen ein besonderer Stellenwert zukam. Bedenkt man darüber hinaus die kontinuierliche Weiterentwicklung des audio-visuellen Lehrmittelangebots, das vor dem Erfahrungshintergrund des amerikanischen Bildungs- und Erziehungswesens vorangetrieben wurde, so waren in diesem Abschnitt markante Fortschritte sowohl auf technisch-instrumentellem als auch auf inhaltlich-programmatischem Gebiet zu verzeichnen. Der Verlag Cornelsen-Velhagen & Klasing (CVK) exportierte inzwischen ebenso viele Bücher aus Berlin, wie alle westdeutschen Schulbuchverlage zusammen nach Berlin lieferten. Seine Umsatzzahlen lagen im Jahr 1968 bei sieben Millionen DM. »Aus der kleinen Mietwohnung des Verleger-Ehepaars Cornelsen in der Wilmersdorfer Künstlerkolonie«, hieß es in einer Ausgabe der ›Berliner Lehrer-Zeitung‹, »hat sich ein bedeutendes kulturelles und wirtschaftliches Schulbuch-Zentrum West-Berlins entwickelt.«

»Verantwortliches Handeln in einem demokratischen Staat.«

DIE CORNELSEN-STIFTUNGEN

Stand in den bisherigen Kapiteln der Verleger und Unternehmer Franz Cornelsen im Mittelpunkt, so sollen im nun folgenden Abschnitt vor allem die Anliegen des Stifters Franz Cornelsen dargestellt und gewürdigt werden. Seine langjährigen Stiftungsaktivitäten stellen eine unverzichtbare Ergänzung zu einem überaus komplexen und facettenreichen Persönlichkeitsprofil dar. Darüber hinaus wäre die Struktur der Cornelsen Verlagsgruppe ohne einige grundsätzliche Ausführungen zu ihren insgesamt sechs Stiftungen (drei Familienstiftungen, drei gemeinnützige Stiftungen) kaum zu vermitteln. Die Besonderheit der Verlagsgruppe besteht darin, daß sie einer Familienstiftung gehört – der 1968 gegründeten »Franz Cornelsen Stiftung Berlin«. Ihre Darstellung nimmt deshalb im Verlauf des vorliegenden Kapitels eine zentrale Stellung ein. Am Beispiel der 1978 gegründeten »Cornelsen Stiftung Lehren und Lernen« beim Stifterverband für die Deutsche Wissenschaft sollen sodann Funktion und Stellenwert einer gemeinnützigen Stiftung herausgestellt werden.

Ausgangspunkt und Herzstück der Stiftungsaktivitäten war die Gründung der »Franz Cornelsen Stiftung Berlin« im Sommer 1968. Ein Schritt, der aufgrund der angespannten finanziellen Situation bis zu diesem Zeitpunkt kein Thema war – zumal die Lösung des Nachfolgeproblems sich noch nicht aufdrängte. Dank der Erfolge von »Peter Pim and Billy Ball« durch die verbindliche Einführung des Englischunterrichts an Hauptschulen konnte der Verlag jedoch seine Umsätze auf sieben Millionen DM steigern. Franz Cornelsen dachte in jenen Jahren intensiv über die zukünftigen Entwicklungsmöglichkeiten des Unternehmens nach, dessen Kontinuität über seinen Tod hinaus gewahrt werden sollte. Nach zahlreichen Gesprächen mit Stiftungsexperten und in ständigem Dialog mit Manfred Lösing entschloß er sich schließlich zur Gründung einer rechtsfähigen Familienstiftung, die seitdem als »Kriegskasse« des Verlages fungiert und deren wichtigster Zweck in der Sicherung der Unternehmenskontinuität besteht. Die Franz Cornelsen Familienstiftung wurde 1968 mit einem Kapital von weit weniger als einer Million DM gegründet. Heute hält diese

Stiftung, die sich zu einer der größten Familienstiftungen Berlins entwickelt hat, über eine Holding sämtliche Anteile an allen Verlagen der Gruppe.

»Um konkurrenzfähig zu sein«, so Franz Cornelsen in einem internen Jahresbericht, der die verlegerische Situation im Umfeld der Stiftungsgründung schlüssig wiedergibt, »müssen wir zur Zeit jedes Jahr etwa 1,5 Millionen DM in Entwicklungsarbeiten investieren (eine Million DM für Lehrbuch- und Lehrmedien-Entwicklung, 500.000 DM für die Entwicklung und Instandhaltung von Atlanten). Wir gehören damit zu den ›kapitalintensiven‹ Unternehmen in einer Sparte mit verhältnismäßig kleinen Umsätzen bei harter Qualitäts- und Preiskonkurrenz. Verlagsrechte werden von den Banken nicht als Sicherheiten anerkannt. Da wir den Banken außer den beiden Häusern in der Binger Straße keine anderen dinglichen Sicherheiten geben können, erhalten wir keine größeren und langfristigen Bankkredite. Deshalb brauchen wir für den weiteren Verlagsausbau ein verhältnismäßig hohes Eigenkapital, das uns seit der Verlagsgründung bis vor kurzem nicht zur Verfügung stand. Erst die stark gestiegenen Umsätze und guten Erträge aus dem Peter Pim-Komplex seit 1965 haben es uns erlaubt, die bis dahin drückenden kurzfristigen Schulden und Schuldwechsel mit ihren hohen Zinskosten abzubauen und den Ausbau der Redaktionen voranzutreiben. Seit 1968 tragen auch die naturwissenschaftlichen Werke dazu bei, die weitere Expansion mitzufinanzieren, ohne die unser Verlag auf Dauer nicht wettbewerbsfähig sein kann.«

Die Gründung einer Familienstiftung bürgerlichen Rechts eröffnete im Hinblick auf die zukünftige Sicherung der Wettbewerbsfähigkeit die besten Perspektiven. »Mit Rücksicht darauf«, schrieb Cornelsen schon im November 1967 in einem internen Papier, das eher den Charakter einer selbstkritischen Standortbestimmung hat, »daß unsere Mitarbeiter die Verlage mit uns zusammen zum Erfolg geführt und daher ein Anrecht auf Klärung der Verhältnisse haben, gibt es nach dem derzeitigen Stand der Dinge wohl keine andere Möglichkeit als die Errichtung einer Familienstiftung, wenn das Unternehmen ohne Hereinnahme eines potenten Partners oder Verkauf in seinem Bestand gesichert werden soll. Es wäre sinnlos, eine gemeinnützige

Stiftung zu gründen. Diese hat zwar große steuerliche Vorteile, ist aber einem derartigen Aufsichtsmechanismus ausgeliefert, daß risikobeladene unternehmerische Entscheidungen unmöglich sind. Ein Verlag muß jedoch immer wieder risikobereit sein, wenn er Erfolg haben will.«

Über die flexibleren und damit marktorientierten Entscheidungs- und Gestaltungsspielräume hinaus bestanden und bestehen die Vorzüge einer Familienstiftung unter anderem darin, daß keine Gewinnausschüttung an die Gesellschafter vorgenommen wird und somit das Kapital anwachsen kann. Die Körperschaftssteuer entspricht der aller Kapitalgesellschaften, und die Kirchensteuer entfällt. Erbrechtlich gehört das Vermögen einer Stiftung naturgemäß nicht mehr zum Eigentum des Stifters. So haben auch dessen Erben gegenüber der Stiftung keinerlei Erbrechte, da zum Nachlaß des Stifters lediglich sein persönliches Vermögen zählt. Erst seit 1976 wird für Familienstiftungen alle dreißig Jahre die sogenannte Erbersatzsteuer – also eine fiktive Erbschaftssteuer – fällig. Diese Statuten rücken auch die häufig mißverstandene Bezeichnung »Familien«-Stiftung ins rechte Licht. Denn Familienmitglieder erhalten laut der von Franz Cornelsen formulierten Satzung nur in besonders festgelegten Notfällen und unter steuerlich erschwerten Bedingungen Geld aus dem Vermögen der »Franz Cornelsen Stiftung«. Die beim Senator für Justiz angesiedelte Aufsichtsbehörde ist nur für satzungsgerechtes Verhalten zuständig, kann aber auf die Geschäftstätigkeit der Verlagsgruppe keinerlei Einfluß ausüben.

Seit der Gründung des Franz Cornelsen Verlags im Jahr 1946 bestand ein zentrales Geschäftsprinzip darin, sämtliche Gewinne für die ständige Weiterentwicklung des Verlagsprogramms zu verwenden. Auch Hildegard Cornelsens Autorenhonorare wurden zwischen 1946 und 1969 in das Unternehmen abgeführt, soweit sie nicht dem unmittelbaren Privatverbrauch dienten. Diesem Prinzip der kontinuierlichen Finanzaufstockung wurde nicht zuletzt deshalb Folge geleistet, um auch in solchen Situationen gegen einen möglichen Abbau der Arbeitsplätze gewappnet zu sein, in denen die allgemeine wirtschaftliche Entwicklung sich einmal als rückläufig erweisen sollte; immerhin hatte Franz Cornelsen bereits die Erfahrung zweier Inflationen machen müssen, und von einer dauerhaften Stabilität des Marktes war damals wie heute keineswegs auszugehen. Durch die Stiftungsgründung wurde nun das Geschäftsprinzip, die Gewinne ausschließlich zur Unternehmensentwicklung zu verwenden, auch nach außen hin sichtbar.

Worauf Cornelsen abzielte, war die Schaffung eines instrumentellen Rahmens, der über sein Ableben hinaus für Planungssicherheit und stabile Arbeitsplätze sorgen würde. Die Gewinne der Unternehmen sollen nicht dem persönlichen Wohlstand der Familie, sondern der Kapitalaufstockung jener Stiftung dienen, die Franz Cornelsen, wie bereits erwähnt, »unsere Kriegskasse« nannte. Durch ihren Wohlstand würde man mögliche Krisenzeiten überwinden können. Zudem versetzt der finanzielle Grundstock das Unternehmen in die Lage, durch Übernahme von anderen Verlagen das Programm insgesamt zu arrondieren.

In einem im März 1968 formulierten Satzungsentwurf, der in einigen Teilen in die Endfassung einging, wurde denn auch als erster Stiftungszweck »die kontinuierliche Fortführung der von den (Unternehmens-) Gründern und ihren Mitarbeitern begonnenen Tätigkeit auf dem Erziehungsgebiet« festgelegt. Zur Konkretisierung führte man sogleich aus, was darunter zu verstehen war: »Die Schaffung besonders guter Lehrbücher und Lehrmaterialien nach jugendpsychologisch und lernpsychologisch sorgfältig durchdachten Prinzipien. Dieses Material soll dem Schüler das Lernen, dem Lehrer das Lehren erleichtern.« Das bedeutete die Ausrichtung der auf möglichst hohem Niveau konzipierten Unterrichtsmaterialien an den Bedürfnissen ihrer Abnehmer. »Moderne Fremdsprachen, Naturwissenschaften, Geschichte und Erdkunde sind besonders zu pflegen. Die Gründer wünschen auch eine intensive Fortführung der langen und erfolgreichen Tätigkeit von Velhagen & Klasing auf dem Atlasgebiet. Als eine der wichtigsten Aufgaben sehen sie die Vermittlung von Einsichten über die Probleme des menschlichen Zusammenlebens an.«

»In der Überzeugung«, heißt es weiter, »daß mittlere Unternehmen auf Spezialgebieten besonders leistungsfähig und anpassungsfähig sind, wünschen die Gründer, daß die Stiftung die angeschlossenen Verlage solange wie möglich finanziell unab-

Franz Cornelsen zu Beginn der siebziger Jahre

hängig erhält. Dennoch sollten die Verlage jederzeit zur produktiven und finanziellen Zusammenarbeit mit anderen – auch sehr viel größeren – Unternehmen bereit sein. Der Wunsch der Gründer geht dahin, daß die Stiftung die Verlage unabhängig von Zufälligkeiten der familiären Nachfolge macht.« In letztgenanntem Punkt ist eines der zentralen Anliegen der Stiftungsgründung zu sehen. Die angestrebte Vermeidung planerischer Unwägbarkeiten, die bei einer Familien-Inhaberschaft eben nicht mit Gewißheit auszuschließen sind, hatte die Erweiterung der Geschäftsführung zur Folge. Im Herbst 1970 berief Franz Cornelsen neben sich die langjährigen und verdienstvollen Mitarbeiter Hans-Herbert Kannegießer (Schwerpunkt Naturwissenschaften und Grundschulen), Manfred Lösing (Finanzen und kaufmännischer Bereich) und Götz Manth (Fremdsprachen und Geographie) zu gleichberechtigten Geschäftsführern des Verlags.

Um die wichtigsten Motive zur Gründung der »Franz Cornelsen Stiftung« im Jahr 1968 noch einmal zusammenzufassen: Die Familienstiftung sollte das Unternehmen gegen die finanziellen Folgen absichern, die aus dem Tod des Geschäftsinhabers und der nächsten Erbengeneration resultieren können; sie sollte des weiteren die verlegerische Entscheidungsfreiheit auch bei »riskanten« Geschäften gewährleisten und schließlich durch die Einrichtung einer vergrößerten Geschäftsführung die Unabhängigkeit des Unternehmens von familiären Enwicklungen sicherstellen. Von den gleichen Überlegungen geleitet erfolgte im Jahr 1969 die Gründung der »Hildegard Cornelsen Stiftung Bielefeld«. Diese zweite Familienstiftung ist heute Gesellschafterin von CVK (Cornelsen Verlagskontor) in Bielefeld.

Im Jahr 1978, am siebzigsten Geburtstag des Verlegers, wurde die gemeinnützige »Cornelsen Stiftung Lehren und Lernen« beim Stifterverband für die Deutsche Wissenschaft in Essen mit einer Finanzausstattung von zunächst zwei Millionen DM aus der Taufe gehoben. Die erforderlichen Mittel wurden von Franz und Hildegard Cornelsen sowie von der »Franz Cornelsen Stiftung« aufgebracht. Gemäß der Gründungssatzung wurde die Erstausstattung im Verlauf von sechs Jahren auf nunmehr rund fünf Millionen DM aufgestockt. Von den Erträgen des Stiftungskapitals, das laut Satzung in seiner Substanz ungeschmälert erhalten bleiben muß, steht jährlich ein Betrag von mehr als dreihunderttausend DM für die Förderung von Projekten zur Verfügung. Neben der »Stiftung Lehren und Lernen« bilden die gemeinnützige »Franz und Ruth Cornelsen Stiftung Berlin« sowie die gemeinnützige »Cornelsen Stiftung Bielefeld« heute den Rahmen für das gesellschaftspolitische Engagement des Unternehmens.

Da die Entwicklung eines eigenen Förderungsprogramms erfahrungsgemäß einer längeren Vorlaufzeit bedarf, beteiligte sich die »Stiftung Lehren und Lernen« in den ersten Jahren ihres Bestehens finanziell an zwei bereits angelaufenen, größeren Projekten des Stifterverbandes. Dabei handelte es sich zum einen um den »Schülerwettbewerb Moderne Fremdsprachen«, zum anderen um die wissenschaftliche Begleitung des Modellprogramms »Regionale Arbeitsstellen zur Integration ausländischer Kinder und Jugendlicher«. Hierbei ging es im wesentlichen um die Verbesserung von Informationen für Lehrer oder Eltern bei der oft langwierigen und mühsamen Eingliederung ausländischer Kinder in deutsche Schulen. Auf diesen Gebieten der Elitenförderung im Fremdsprachenunterricht einerseits sowie der Förderung benachteiligter Minderheiten im Schulalltag andererseits, lagen die Schwerpunkte der finanziellen Hilfestellung für den Stifterverband.

Die entscheidende Motivation zur Gründung gemeinnütziger Stiftungen bestand für Cornelsen in einer als notwendig erachteten Verbesserung der Ökonomie des Bildungswesens. »Wir Steuerzahler«, bemerkte er in einer scharfzüngig-provokanten, noch immer hochaktuellen Gedankenskizze aus dem Jahr 1984 anläßlich eines Rundgesprächs über die Aktivierung des Stiftungswesens in Deutschland, »bringen etwa 40 Milliarden DM für die allgemeinbildenden Schulen auf. Die betriebswirtschaftlichen Aspekte des ›Unternehmens Schule‹ sind absolute ›terra incognita‹. Der Wildwuchs ideologischer Kämpfe überwuchert die Sache in jedem Bereich. Allgemeine Regularien sind relativ leicht aufzustellen, aber sie sind ungemein schwer in den Schulalltag zu übertragen, so wünschenswert sie auch sein mögen. Wer sich mit der Ökonomie des Bildungswesens in den allgemeinbildenden Schulen beschäftigen wollte, wird als Banause sehr schnell mundtot gemacht. Wir Schulbuchverleger als besonders wichtige Innovatoren und Motivatoren im Schulalltag können davon ein trauriges Lied singen.«

Der Begriff »bildungsökonomische Forschung«, in Deutschland seinerzeit ein Fremdwort, bedeutete für Cornelsen in der Tradition von Nationalökonomen wie Adam Smith oder Friedrich List vor allem eine »Investition in den Menschen«. Anders jedoch als in deren volkswirtschaftlicher Interpretation umfaßte seine Vorstellung von Bildungsökonomie auch betriebswirtschaftliche Aspekte: die Beantwortung der »seit langem drängenden Frage« etwa, auf welche Weise die immensen Kosten für das allgemeinbildende Schulwesen effizient zu nutzen seien. »Mir geht es um eine sehr einfache und nur scheinbar egoistische Frage: Wie wirkt es sich auf die Effizienz der Schule aus, wenn die Schulbuchverleger, die ganz besonders wichtige Werkzeuge für Lehrer, Schüler und Eltern liefern, in ihrer Arbeit von den Kultusministern und anderen öffentlichen Organen nicht hinreichend als existentiell wichtige Partner, sondern allenfalls als ›Lieferanten‹ aufgefaßt werden, die in zunehmendem Maße behindert und eingeengt werden? (...) Jeder Schüler«, so Cornelsen 1984, »kostet heute über 5.500 DM im Jahr, für seine Bücher gibt die öffentliche Hand aber nur 45 DM aus.«

Harsche Worte von einem, der aus eigener Erfahrung wußte, wovon er sprach. Dabei hatte der Verleger nicht in erster Linie die Steigerung eigener Umsätze im Sinn; ihm ging es um eine überfällige und ergebnisorientierte Modifikation im Zusammenwirken öffentlicher und privater Bildungsmaßnahmen. Cornelsen dachte extrem pragmatisch und gegenstandsbezogen. So mußten ihm die oftmals starren und selbstgenügsamen Strukturen jener Behörden, mit denen er es nun einmal zu tun hatte, zum Dorn im Auge werden. Als besonders problematisch erwiesen sich aus der Perspektive des Schulbuchverlegers zwei Faktoren: die Regionalisierung des Bildungswesens durch die sogenannte Kulturhoheit der Bundesländer, die er als eine volkswirtschaftliche Verschwendung ansah, bei der die Kosten unnötig hochgetrieben und die Qualität gesenkt werde, sowie das grassierende »Fotokopierunwesen«, das auf lange Sicht eine »Erosion des gesamten deutschen Bildungswesens einleiten« werde. »Wenn der Diebstahl von so kostbarem geistigem Eigentum« – die Entwicklung eines neuen Englischbuches kostete Mitte der achtziger Jahre pro Band etwa eine Million DM, ehe es in die Druckerei ging – »derart preiswert und bequem möglich ist, wird jede angemessene Amortisation unmöglich.«

Was das Zusammenwirken öffentlicher und privater Leistungen – nicht nur auf dem Bildungssektor – anging, so kam aus

Franz Cornelsens Sicht den privaten Stiftungsaktivitäten eine wichtige Entlastungs- und Korrektivfunktion gegenüber Staat und Ländern zu. Im Rahmen einer Mitgliederversammlung des Stifterverbandes 1984 im Berliner Reichstagsgebäude nutzte der Verleger – nunmehr in seiner Eigenschaft als Stifter – die Gelegenheit, sowohl seine eigenen Intentionen zum Ausdruck zu bringen als auch die unterentwickelte Stiftertätigkeit in Deutschland zu beklagen. »Das Thema ›Motivationsspektrum eines Stifters‹ habe ich gewählt«, so Cornelsen einleitend, »weil man immer wieder feststellen muß, welche Unkenntnis über das Stiftungswesen auch bei solchen Unternehmen besteht, die gut daran täten, sich darüber besser zu informieren.« Wie oft bei solchen Anlässen fand er auch diesmal prägnante Formeln, um exemplarisch die Hauptmotive für die Gründung der »Stiftung Lehren und Lernen« zusammenzufassen: »1. Der Schock, 2. Der Dank für ein gnädiges Schicksal und 3. Die Sorge um die Zukunft des deutschen Schulwesens.«

Während die letztgenannten Beweggründe beinahe für sich sprechen und zudem auf den Erfahrungen einer langjährigen Verlegertätigkeit beruhen, bedarf der »Schock« an dieser Stelle einer kurzen Erläuterung. Er führt uns zurück in die letzten Kriegsjahre sowie in die unmittelbare Nachkriegszeit. »Ein Schock hat bei vielen bedeutenden Stiftungen Pate gestanden. Mein Schock hängt mit dem Erlebnis der Schlacht um Berlin im April 1945 zusammen, aber auch mit meiner Erfahrung als Auslandsingenieur bei Siemens, wie unglaublich schlecht die Fremdsprachenkenntnisse fast aller Abiturienten und Realschulabsolventen damals waren. Wenn sich das zerstörte Deutschland wieder zu einer Industrienation entwickeln sollte, mußte die Kontakt- und Exportfähigkeit auf den Weltmärkten auch durch eine bessere Beherrschung fremder Sprachen gefördert werden. (...) Der Verlag sollte keinen kommerziellen Zwecken dienen, er sollte in erster Linie Diener der Schulen sein.«

Solchen Ausführungen ist Entscheidendes über das Credo eines Stifters zu entnehmen, für den das Attribut »gemeinnützig« kein leeres Wort war. Auch wenn das eigene Unternehmen über den Faktor Imagestärkung gelegentlich an seinen Stiftungsaktivitäten zum Nutzen der Gemeinschaft partizipierte, ist der wesentliche Impuls doch in Cornelsens stark entwickelter Verantwortlichkeit gegenüber dem gesellschaftlichen Umfeld zu sehen: eine Haltung, in der sich ein zeitgemäßes, gegenwartsbezogenes Problembewußtsein mit traditionellen bürgerlichen Tugenden verbindet. Anstatt ein stärkeres Engagement des Staates einzuklagen und somit die Verantwortung »für's Ganze« auf andere zu übertragen, eröffnet und sichert der von Cornelsen verkörperte Stiftertypus durch sein primär uneigennütziges Handeln gesellschaftliche Freiräume – indem er beispielsweise auf eigene Rechnung »experimentelle« Projekte fördert, die mit einem gewissen Risiko behaftet sind und deren konkreter Nutzen schwer abzuschätzen ist – und trägt darüber hinaus zur pluralen Verfassung des Gemeinwesens bei.

»Um wirklich erfolgreich seine materiellen und immateriellen Aufgaben wahrnehmen zu können«, bemerkte diesbezüglich der Wirtschaftsjournalist Claus Burens 1990 in der Zeitschrift »Das Parlament«, »ist ein demokratisches Gemeinwesen auf die aktive Mitwirkung möglichst vieler Bürger angewiesen. Nicht nur auf deren politische Partizipation bei Wahlen und auch nicht allein auf deren Zwangsabgaben in Form von Steuern und Gebühren. Das persönliche Engagement des Individuums oder gesellschaftlicher Gruppen und der Einsatz privater finanzieller Mittel sind zur Förderung des Gemeinwohls besonders wertvoll. Bundespräsident Richard von Weizsäcker sagt: ›Die Demokratie ist nur lebensfähig, wenn der einzelne bereit ist, für das Ganze Verantwortung zu übernehmen. Stifter geben ein Beispiel für verantwortliches Handeln in einem demokratischen Staat‹.«

Über die Verbesserung der maroden bildungsökonomischen Standards hinaus richtete sich Franz Cornelsens Stifter-Interesse nicht erst seit den siebziger Jahren auf ein Problem, dessen Bewältigung in wachsendem Maße zu einem Teil der Unternehmensphilosophie wurde: nämlich auf den Schutz der Umwelt. Propagierten bereits die »Cornelsen-Bogen« in den frühen fünfziger Jahren ein für diese Zeit bemerkenswert weit entwickeltes Bewußtsein für ›globale‹ Fragestellungen, wie etwa die Erhaltung unserer natürlichen Lebensgrundlagen, so begann in den folgenden Jahren der Plan einer gemeinnützigen »Umweltstiftung« zu reifen. Auch sie sollte als sogenannte unselbständige

Stiftung vom »Stifterverband für die Deutsche Wissenschaft« verwaltet werden. Den Stiftungszweck definierte der Verleger in einem Entwurf wie folgt: »Mit den Mitteln der Stiftung soll die Entwicklung einer Didaktik gefördert werden, die weltweit ein Bewußtsein von der Notwendigkeit der Erhaltung der Lebensbedingungen auf dieser Erde hervorruft, schonende Verhaltensweisen im Umgang mit den verbliebenen Ressourcen propagiert und für die Wiedergewinnung einer bewohnbaren, lebenswerten Umwelt eintritt.«

Nachgerade philosophische Züge trug die umfassende Begründung, die Cornelsen seinen Überlegungen beifügte. Sie kann hier nur in Auszügen wiedergegeben werden: »Die Empfindlichkeit unserer in riesigen Zeiträumen entstandenen Lebensgrundlagen (...) ist zwar manchem bekannt, aber diese großenteils oberflächliche Kenntnis ist im Alltag nicht viel mehr als ein unbehaglicher Hintergrund, ebenso wie beispielsweise das Bevölkerungsproblem oder die Zukunft der Rohstoffreserven. Eine Verhaltensänderung in größerem Umfang geht damit noch nicht einher. Die kopernikanische Wende – ›das Staubkörnchen Erde‹ – ist in den 350 Jahren seit Galileis Beweisen kaum in das Bewußtsein des Menschen gedrungen (...). Nur der Fortbestand der persönlichen und wirtschaftlichen Freiheit kann die schöpferischen Fähigkeiten des Individuums entfalten, die auch für diese Aufgabe gebraucht werden. Man muß also mit den Mitteln der Überzeugung arbeiten. Sonst wird es nicht möglich sein, Fühlen, Denken und Handeln des Menschen auf die Erhaltung der Lebensbedingungen auf diesem Planeten auszurichten. Dazu gehört in besonderem Maße biologisches Denken im weitesten Sinne.« Cornelsen bemühte sich über einen längeren Zeitraum um geeignete Projektpartner für sein Umweltanliegen, stieß jedoch trotz stabiler finanzieller Kalkulationen und direkter Angebote auf Hilflosigkeit und taube Ohren.

Was heute selbstverständlich erscheint, war offenkundig noch in den frühen achtziger Jahren eine Innovation, mit der mögliche institutionelle Ansprechpartner wenig anzufangen wußten. Franz Cornelsen stand mit seinen umweltbezogenen Konzepten allein auf weiter Flur. So fing er mit dem Naheliegendsten an: wenigstens das neue Cornelsen-Verlagshaus in der

ASU-AUSZEICHNUNG '89

für umweltbewußte Unternehmensführung

Die Arbeitsgemeinschaft Selbständiger Unternehmer e. V.
würdigt mit dieser Urkunde
die beispielhaften Umweltschutz-Initiativen

von

Prof. Dr. h.c. Franz Cornelsen

Cornelsen Verlagsholding GmbH & Co.
Berlin

ASU

Diese Auszeichnung erfolgt als Ergebnis einer Ausschreibung der ASU für die Erfüllung des nachstehenden Anforderungskataloges freiwilliger Umweltschutzmaßnahmen:

1. Die gesetzlichen Umweltschutzbestimmungen werden in allen Bereichen eingehalten. Darüber hinaus gibt es nachweisweisbare Bemühungen, in eigener Verantwortung das Leistungsangebot des Unternehmens umweltverträglich zu gestalten.

2. Die Unternehmensleitung beweist mittelbar und unmittelbar Umweltbewußtsein durch gezielte Maßnahmen im laufenden Geschäftsjahr.

3. Ein Mitglied der Geschäftsleitung oder ein ihr direkt unterstellter Mitarbeiter ist im Unternehmen für Umweltfragen verantwortlich, wobei sein Aufgabenumfang schriftlich festgelegt ist.

4. Für den betrieblichen Einkauf (Roh-, Hilfs- und Betriebsstoffe sowie Eigenbedarf) und ggf. für die Forschungs- und Konstruktionsabteilung sind schriftliche Richtlinien erarbeitet und vorgegeben zur Beschaffung anerkannt umweltschonender Stoffe und Produkte.

5. Die betrieblichen Abfälle werden über das gesetzlich vorgeschriebene Maß hinaus nach Art, Menge, Entstehung, Verwendungs- und Entsorgungsmöglichkeiten erfaßt und getrennt gesammelt.

6. Für wesentliche Verbrauchsstellen von Energie sind energiesparende Einrichtungen installiert.

7. Neuanschaffungen für den Fuhrpark werden grundsätzlich mit Drei-Wege-Katalysator oder einer anderen anerkannten Abgasreduktionstechnik ausgestattet.

8. Die betrieblichen Entsorgungsmöglichkeiten stehen auch für Mitarbeiter und ihre Angehörigen zur Verfügung.

9. Die Mitarbeiter werden regelmäßig in Umweltschutzfragen beraten und informiert.

10. Über die betrieblichen Umweltschutzaktivitäten werden jährlich schriftliche Aufzeichnungen oder ein Bericht erstellt und veröffentlicht.

Bonn, im April 1990

Dr. Volker J. Geers
Vorsitzender der ASU

Klaus Günther
ASU-Ausschuß "Umweltschutz"

Mecklenburgischen Straße nach vorbildlichen ökologischen Richtlinien zu bauen und mit mehreren begrünten Dachgärten sowie einem Feuchtbiotop über der Tiefgarage auszustatten. Schon lange vorher war alles getan worden, um die große Cornelsen-Druckerei in Tegel umwelttechnisch zu optimieren. Statt mit dem Mercedes fuhr er täglich mit dem Fahrrad ins Büro. »Unten die Fahrradklammern um die Hosenbeine und mit seinem wehenden weißen Haar – das war für die Mitarbeiter im Cornelsen-Haus ein vertrauter Anblick«, erinnert sich Ruth Cornelsen heute. Umweltschutz begann für Franz Cornelsen »bei uns selbst«.

1990 wurden seine Bemühungen in nachträglicher Anerkennung für bleibende Verdienste für den Umweltschutz mit der Verleihung des »Umwelt-Preises« der »Arbeitsgemeinschaft Selbständiger Unternehmer« gewürdigt. Die von seiner Witwe Ruth Cornelsen entgegengenommene Auszeichnung vermag zwar die Enttäuschung nicht wettzumachen, die der »umweltbewußte Einzelgänger« bei seinen vergeblichen Ansätzen zur Gründung einer gemeinnützigen »Umwelt-Stiftung« verspürt haben muß, rückt aber seine im besten Sinne unzeitgemäßen Betrachtungen ins rechte Licht. Dr. Heinrich Freiherr von Lersner, der im Mai 1990 als Präsident des Umweltbundesamtes Berlin die Laudatio auf Franz Cornelsen hielt, sprach von einer Unternehmerpersönlichkeit, »die schneller und sensibler die Herausforderungen unseres Zeitalters erkannte und auch in Handlungen umsetzte, als die Mehrheit ihrer Berufs- und Altersgenossen«.

Die herausragenden Verlagsaktivitäten standen zu Lebzeiten Franz Cornelsens ebenso wie nach seinem Tode stets in engem Zusammenhang mit der jeweiligen politischen Situation Berlins. Es wäre verwunderlich, hätte sich Franz Cornelsen nicht auch als Stifter seiner Heimatstadt Berlin verpflichtet gefühlt.

Tatsächlich brachte er im Jahr 1986 seine Vision einer Kulturstiftung zu Papier. Prophetische Worte – denn von den finanziellen Nöten, in die die öffentliche Kunst- und Kulturszene der Stadt inzwischen geraten ist, konnte er noch nichts ahnen, als er seinerzeit schrieb: »Als Berliner liegt mir das Schicksal dieser Stadt besonders am Herzen. Ihr kulturelles Leben ist für viele kreative Menschen von größter Bedeutung für ihre Attraktivität als Arbeitsstadt. Darum scheint mir die gezielte Förderung einzelner Kulturbereiche Berlins durch möglichst zahlreiche Mäzene mit mittlerem Vermögen von existentieller Bedeutung für Berlin als ›attraktive Stadt‹ zu sein, auch um einem Übergewicht bürokratischer Entscheidungen entgegenzuwirken und um gleichzeitig dieser Bürokratie zu helfen.«

Ruth Cornelsen hat diese Worte als Auftrag begriffen: »Fünfzig Jahre sind vergangen, seit Franz und Hildegard Cornelsen mit viel Idealismus und wenig Geld den Verlag gegründet haben. Eine angemessenere Würdigung aus gegebenem Anlaß als die Gründung der ›Cornelsen Kultur Stiftung‹ ist für mich nicht denkbar. Sie soll helfen – das ist mein Wunsch – bei wertvollen Gebäuden und Kunstwerken vorwiegend in Berlin und in den neuen Ländern Substanzminderung aufzuhalten, das heißt: Kulturgüter zu bewahren, zu pflegen und zu ergänzen.«

»*Eine Investition in den Menschen.*«
BILDUNGSÖKONOMIE UND VERLEGERISCHER ANSPRUCH: FACETTEN DES WACHSTUMS 1969–1982

Gegen Ende der sechziger Jahre zeichnete sich für Cornelsen im Zusammenhang mit der in Gang gekommenen Reformbewegung im Schulwesen der Bundesrepublik immer deutlicher die Notwendigkeit ab, weitere Unterrichtsfelder redaktionell zu erschließen, um die Marktposition des Verlages zu festigen und seine auf die Hauptschulen beschränkte Stellung im Fremdsprachenbereich zu erweitern. Im Kontext der bisherigen Verlagsentwicklung stellt dieser Anspruch ein Novum dar. Denn Cornelsen war bis zu diesem Zeitpunkt ein Spezialverlag, dessen Stärke vor allem im Fremdsprachenbereich lag. Auf diesem Sektor hatte man seit den späten vierziger Jahren (seit »Peter Pim and Billy Ball«) eine unangefochtene Vorreiterrolle in den Hauptschulen – zuvor in den Volksschulen – gespielt, während man sich bei den Naturwissenschaften erst noch zu behaupten und durchzusetzen hatte. Andere Felder blieben weiterhin Neuland.

Der Beginn von Cornelsen Druck und der Lehrmittel KG

So begann Cornelsen zur Ergänzung und Erweiterung seiner naturwissenschaftlichen Fachredaktionen in Berlin, deren Leiter der 1967 eingestellte Redakteur Helmut Dreißig wurde, den Aufbau einer eigenen Biologie-Redaktion vorzubereiten. Hans-Herbert Kannegießer nahm in dieser Zeit durch Vermittlung von Wolfgang Mann, dem Geschäftsführer der auf audiovisuelle Medien spezialisierten Firma »V-Dia«, erste Kontakte zu dem Esslinger Professor Ernst W. Bauer auf, um dessen Projekt mit dem Titel »Integriertes Lernsystem Biologie« (ILSB) zu diskutieren – ein ambitioniertes und neuartiges Programm, das eine didaktische Verknüpfung von Lehrbüchern und audiovisuellen Medien vorsah. Bereits im September 1971 nahm unter der Federführung von Dr. Wolfgang Goll die Cornelsen Biologie-Redaktion in Heidelberg ihre Arbeit auf. Eine GmbH mit dem einprägsamen Firmennamen »Systemedia« wurde gegründet. Diese Heidelberger Betriebsstätte besteht seitdem als Redaktion Biologie des Cornelsen Verlages.

Als erstes Lehrwerk erschien 1974 nach einer dreijährigen Konzeptionsphase der Band »Humanbiologie«, der nach Maßgabe des didaktischen Grundkonzeptes von einem sinnvoll aufeinander abgestimmten Bezugs- und Verweisungssystem

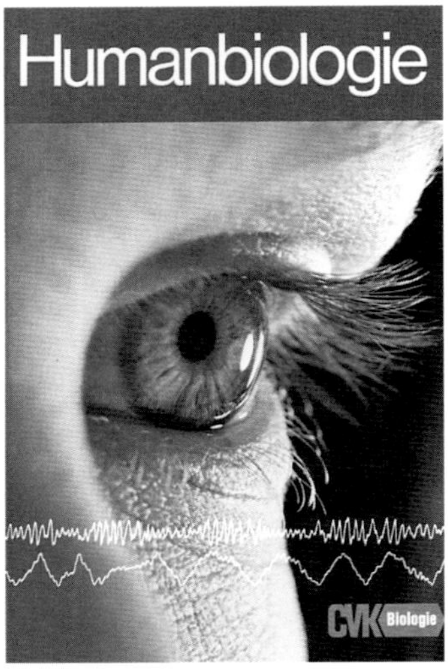

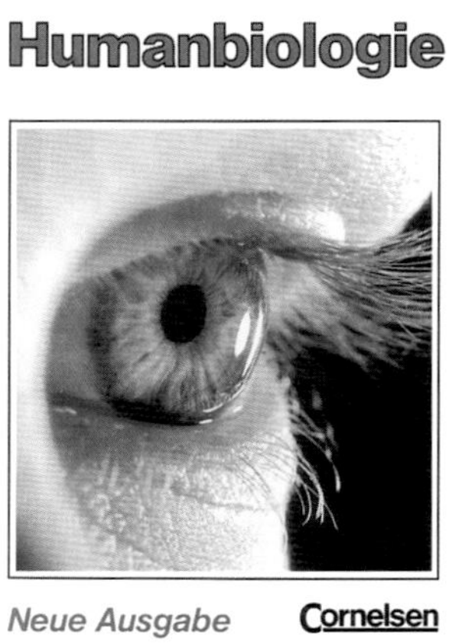

Die Ausgaben von 1981 (oben) und von 1987

zwischen den Büchern (für Schüler und Lehrer) sowie anderen Medien wie etwa Filmen, Dias, Folien, Arbeitstransparenten oder anschaulichen Modellen ausging. Da ein so wichtiges Fach wie die Biologie nur in relativ geringer Stundenzahl unterrichtet wird, sollte dieser Umstand zumindest durch ein besonders instruktives Medienangebot kompensiert werden. Dem Herausgeber Professor Ernst W. Bauer, der über seine wissenschaftliche Reputation hinaus ab 1987 als Moderator des ARD-Magazins »Wunder der Natur« in der Nachfolge Bernhard Grzimeks zu öffentlichem Ansehen gelangte, war an der Etablierung eines Medienverbundes gelegen, der in modifizierter Form von der Grundschule bis zum Gymnasium nutzbar zu machen sei.

Die »Humanbiologie«, der erste Band des Lernsystems »CVK-Biologie«, ging von einem ganzheitlichen Welt- und Menschenbild aus: »Wir versuchten«, so Ernst W. Bauer in einem Zeitungsinterview vom August 1977, »die biologische Natur des Menschen zu erfassen, ohne seine geistige zu vergessen. Deutlicher als bisher wird der Mensch in den Kreis der Lebewesen eingebunden. Es wurde in den letzten Jahren deutlich, daß die von den Hochschulen übernommene Methode – den Bau und die Funktion der Organe schön der Reihe nach abzuhandeln – bei den Schülern nur auf mäßiges Interesse stößt.« Auch hinsichtlich der immer brisanter werdenden ökologischen Probleme zeigte sich Bauers Lehrwerk auf der Höhe der Zeit: »Dieses Unterrichtswerk ist keineswegs nur auf den Boden der niederschmetternden Thesen des ›Club of Rome‹ gestellt; solche Untersuchungen werden kritisch gewürdigt. Wir haben aber ein Prinzip Hoffnung miteingebaut. (...) Wir haben die Pflicht zu zeigen, was getan werden muß, damit die Zukunft besser wird, als man es im Augenblick gemeinhin erwartet. Dieser Aspekt wird in verschiedenen Kapiteln des Buches sichtbar.«

Es sollte sich jedoch bald zeigen, daß die akute Finanzschwäche der Schulen größere Investitionen im audiovisuellen Bereich kaum mehr zuließ. Für Lehrmedien, die über das eigentliche Schulbuch hinausgingen, standen in jenen Jahren immer weniger finanzielle Mittel zur Verfügung. So war zwar den Biologie-Büchern mit Absätzen von jeweils über 100.000 Exemplaren pro Jahr ein mehr als respektabler Erfolg beschieden, der sich auch in einer durchweg hohen Akzeptanz sowohl von seiten der Schulen als auch der Branchenkritik niederschlug – für die übrigen Medien allerdings brach der Markt schließlich zusammen.

Ab 1969 begann Cornelsen mit der neu eingestellten Redakteurin Barbara Schmid-Heidenhain, die später Redaktionsleiterin wurde, auch mit dem behutsamen Aufbau einer Redaktion für den Grundschulbereich. Im Verlauf der siebziger Jahre wurden erfolgreiche Sach- und Sprachbücher für die Grundschule erarbeitet. Die Basis für den breiteren Ausbau dieser Redaktion stellte der »CVK-Leselehrgang SPRECHEN-SCHREIBEN-LESEN« von Professor Hans Vestner dar, der, mit umfangreichem Begleitmaterial versehen, einen völlig neuen Ansatz im Erstleseunterricht kreierte. Dieser Leselehrgang fand über Jahrzehnte begeisterte Anhänger. Auch für den Sexualkundeunterricht wurden schon damals viel beachtete Materialien erarbeitet.

Parallel zur Entwicklung im allgemeinen Grundschulbereich ab 1969 begann die Erfolgsgeschichte der sogenannten Roten Koffer, deren Konzept von einem praxisnahen Sachkundeunterricht in der Grundschule ausging. Eine wichtige Vorreiterrolle spielten hierbei die Vereinigten Staaten von Amerika: Angesichts des bereits erwähnten »Sputnik-Schocks« in den späten fünfziger Jahren – der den hohen wissenschaftlichen und technischen Standard der damaligen Sowjetunion dramatisch unter Beweis stellte – war man zu der Einsicht gelangt, daß das allgemeine Bildungsniveau in den USA dringend einer Anhebung bedürfe. Im Rahmen von »Experiences in Science«-Programmen wurde in der Folge der Unterricht in den Elementary Schools grundlegend reformiert. Zahlreiche neue Lehrmittel wurden entwickelt, deren vordringliche Aufgabe darin bestand, anregend und motivierend auf die Schüler zu wirken, ihre Kreativität herauszufordern und zu fördern, anstatt sie durch monotone Unterrichtsabläufe im Keim zu ersticken.

Der von Cornelsen vertretene Lehrmittelansatz berief sich zu wesentlichen Teilen auf US-amerikanische Muster, die man zu adaptieren suchte, ohne sie allerdings unmittelbar auf die deutschen Verhältnisse zu übertragen. Wie mehrfach gesehen, war Franz Cornelsen als Verleger stets an derartigen Adaptions- und Austauschprozessen interessiert: Warum sollte man ein Produkt völlig neu entwickeln, wenn es in Ansätzen bereits vorhanden war? Da ein Transport der Lehrmittel von Übersee nach Berlin schon aufgrund ihrer Empfindlichkeit kaum ratsam erschien, suchte Franz Cornelsen einen geeigneten deutschen Hersteller, der genügend Erfahrung mitbrachte und sich Neuerungen gegenüber offen erwies. Durch einen Hinweis von Klaus Gerdts fand man schließlich den in Fachkreisen renommierten Jochen Meyer-Quade, der schon für die Firma Eydam in Kiel Prototypen entworfen hatte. Er wechselte im Februar 1970 als Lehrmittel-Hersteller zu Cornelsen. Mit seinem Eintritt begann die systematische Entwicklung von schülergerechten Geräten aller Art und ihre Zusammenstellung in den leicht transportierbaren CVK-Experimentierboxen. Ihre Themen, wie z.B. »Stromkreise«, »Magnet und Kompaß«, »Wärme«, »Wetter«, »Trinkwasser – Abwasser« oder »Papier machen aus Altpapier« entsprachen dem damals neuen Konzept eines propädeutischen, vorfachlichen Sachunterrichts mit Grundschulkindern.

Die CVK-Experimentierbox »Wärme«

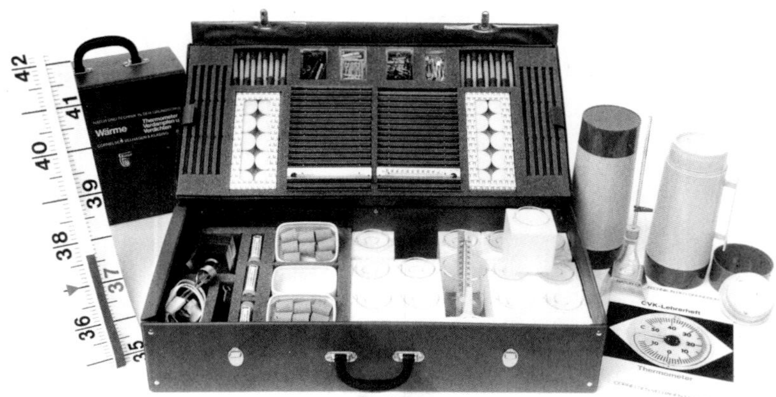

Das innerhalb weniger Jahre umfassend ausgebaute Lieferprogramm der populären »Roten Koffer« war alsbald konkurrenzlos. Jede Box enthielt 18 (später 15) Sätze aller erforderlichen Versuchsgeräte zur Erarbeitung eines Themas. Einzeln oder in Zweiergruppen konnten die Schüler selbständig und gefahrlos an ihrem Platz experimentieren. Jeder Box lag eine detaillierte Lehreranleitung bei. Schülerarbeitshefte konnten in Klassensätzen bezogen werden, sämtliche Boxeninhalte waren bei Ersatzbedarf auch einzeln zu beziehen. Und auch das Austeilen und Einsammeln nahm dank des Ordnungssystems in den Koffern nur wenige Minuten in Anspruch – anders als in den amerikanischen Papp-Boxen, in denen nach Aussage Hans-Herbert Kannegießers »das ganze Zeug lose rumflog«. Das neuartige Lehrmittelangebot fand in allen Grundschulen begeisterten Zuspruch: Die Boxen erreichten im Verlauf der siebziger Jahre hohe Absatzzahlen und konnten in zahlreiche Länder exportiert werden. Obwohl spätere Lehrplanrevisionen wieder andere Inhalte und Arbeitsformen verbindlich machten, sind die CVK-Experimentierboxen bis heute im Unterricht zu finden und werden in modifizierter Form in alle Welt verschickt. Angesichts ihrer beinahe unbegrenzten Lebensdauer sowie knapper öffentlicher Mittel halten sich die Umsätze im Inland derzeit allerdings in Grenzen.

Da der Cornelsen Verlag um 1970 zwar über interessante und zukunftsweisende Lehrmittelkonzepte verfügte, bis zu diesem Zeitpunkt jedoch ohne eine entsprechende Lehrmittelhandlung auskommen mußte, war Franz Cornelsen erleichtert, diesem Defizit durch eine weitere Unternehmensakquisition abhelfen zu können. Im Jahr 1970 wurde das Familienunternehmen von Gerhard Gambke im Berliner Bezirk Lichterfelde von Cornelsen erworben und unter der Leitung von Jochen Meyer-Quade und Hartmut Gambke modernisiert und fortgeführt. Heute trägt die Gesellschaft den ebenso einprägsamen wie programmatischen Namen »Cornelsen Experimenta«.

Was den Ausbau der Bereiche Geographie und Kartographie betraf, konnte Cornelsen durch seine Verbindung mit Velhagen & Klasing auf eine langjährige Tradition zurückgreifen. Da jedoch speziell die Entwicklung von Atlanten überaus kostspielig ist und sich vor dem Hintergrund der übrigen Aufbauarbeiten nur schwer realisieren ließ, hatten sich im Jahr 1959 die Verleger Cornelsen, Schroedel und Bagel zu gemeinsamen Entwicklungen auf diesem Sektor entschlossen. Anfang der sechziger Jahre stieg Bagel aufgrund der enormen Kosten aus der gemeinschaftlichen Unternehmung aus; seine Anteile wurden von VK und Schroedel zu gleichen Teilen übernommen.

In der Folgezeit gründete dieser Verlagsverbund zwei gemeinsame Tochterfirmen: im Jahr 1963 die Geographische

Verlagsgesellschaft Velhagen und Klasing und Hermann Schroedel, Berlin (GVG) sowie die Velhagen & Klasing und Schroedel Geographisch-Kartographische Anstalt mit Sitz in Bielefeld. In diesem Verbundsystem wurden unter vertrieblicher Aufteilung des Bundesgebietes sehr erfolgreiche Atlanten (»Unsere Welt«) und Lehrwerke (»Dreimal um die Erde«) entwickelt. Als der Schroedel Verlag 1981 Konkurs anmelden mußte, setzte Cornelsen die Kooperation zunächst mit dem neuen Schroedel-Gesellschafter fort. 1991 übernahm die Cornelsen Verlagsgruppe dann sämtliche Anteile des Tochterunternehmens, um die Weiterentwicklung auf diesem Gebiet in eigener Regie voranzutreiben.

Es dürfte leicht nachzuvollziehen sein, daß eine derartige redaktionelle wie institutionelle Erweiterung auch in räumlicher Hinsicht Konsequenzen mit sich brachte. Das 1955 bezogene, 1966/67 aufgestockte Verlagsdomizil in der Binger Straße 62 war immer weniger geeignet, dem expandierenden Unternehmen eine angemessene Bleibe zu bieten. Bereits im Jahr 1970 verlegte Cornelsen als Folge der räumlichen Enge seine Herstellungsabteilung, die Grundschul- und Geschichtsredaktionen sowie das Büro von Jochen Meyer-Quade in Räumlichkeiten in der Lietzenburger Straße 44 und in der Rankestraße 5. Zwei Jahre später bezog der Verlag insgesamt ein Domizil im Berliner Buchhandels-Zentrum (bbz) in der Lützowstraße 105. Nach

Besuch des damaligen Regierenden Bürgermeisters Dietrich Stobbe im Ausstellungsraum von CVK im bbz.
Um Franz Cornelsen und Dietrich Stobbe haben sich u. a. Klaus Gerdts, Hans-Joachim Olms, Hans-Herbert Kannegießer, Götz Manth und Werner Thiele versammelt

diversen Teilumzügen, die zu einer auf lange Sicht untragbaren räumlichen Segmentierung des Verlags geführt hatten, kam es nun unter dem Dach des Buchhandels-Zentrums zu einer »Wiedervereinigung« aller Berliner Verlagsmitarbeiter. Was indessen 1972 als Erfolg verbucht wurde, muß aus heutiger Perspektive als ebenso notwendiges wie befristetes Zwischenspiel erscheinen. Denn erst in der Rückschau wird deutlich, daß die Zusammenführung nur ein erster Schritt hin zu einem eigenen, repräsentativen Verlagshaus sein konnte.

Im Jahr 1971 wurde in Berlin »Cornelsen & Oxford University Press« (COUP) gegründet – eine wegweisende Kooperation zwischen zwei Verlagen, die sich in jeweils unterschiedlichen Märkten einen Namen gemacht hatten und sich nun dazu entschlossen, ihre vorhandenen Potentiale im Bereich des Englischunterrichts kompatibel und fruchtbar zu machen. Um zu verdeutlichen, wie es zu dieser Verlagsgemeinschaft kam und worin ihre wichtigsten Intentionen lagen, sei hier in aller Kürze ihre Vorgeschichte erzählt:

Bereits 1947 hatte Franz Cornelsen, der sich auf Einladung des Foreign Office in London aufhielt, die ersten Kontakte zur Oxford University Press hergestellt, um Lizenzen für einige Schulausgaben der von Richard Schade herausgegebenen Cornelsen-Fremdsprachenreihe zu erwerben. Gegen Ende der fünfziger Jahre nahmen die Berührungspunkte stetig zu: Peter Collier vom English Language Teaching Departement (ELTD) der OUP hielt sich des öfteren in Berlin auf oder begegnete Franz Cornelsen und Götz Manth auf Tagungen in Deutschland. 1964 ergab sich anläßlich des Neuphilologentages in Köln in Gesprächen ein konkreter Ansatz zur Zusammenarbeit. Die Engländer bereiteten damals zwei Lehrwerke vor: »Course of Spoken English« und »Modern Course in Business English«, die wegen ihrer Sprachlabor-Arbeitsteile für den deutschen Markt interessant erschienen – zumal das Sprachlabor als Komponente des Fremdsprachenunterrichts und insbesondere der Erwachsenenbildung in Deutschland eben erst ins Gespräch gekommen war. 1964 bis 1969 übernahm Cornelsen den Vertrieb dafür in Deutschland, Österreich und der deutschsprachigen Schweiz.

Im Mai 1967 bekundeten sowohl Longman als auch OUP – entgegen ihrer langjährigen Verlagspolitik – erstmals Interesse an einer engeren Kooperation mit deutschen Verlagen. Im September 1969 nahm Götz Manth am Internationalen Linguisten-Kongreß in Cambridge teil, in dessen Verlauf er über die bevorstehende Gründung einer »English Language Teaching Development Unit« (ELTDU) der OUP in Colchester informiert wurde. Diese Entwicklungsgruppe sollte in enger Zusammenarbeit mit dem dort ansässigen »Centre for British Teachers in Europe« Lehrmaterialien für den Englischunterricht entwikkeln. Die für diese Einrichtung arbeitenden britischen Lehrer sprachen in der Regel gut deutsch und hatten meist Unterrichtserfahrung in deutschen Schulen gesammelt, da sie für zweijährige Auslandsaufenthalte unter anderem an deutsche Kultusministerien vermittelt wurden. So schien in diesem Fall eine solide Basis für künftige redaktionelle Entwicklungen gewährleistet zu sein. Peter Collier signalisierte Manth die Bereitschaft der OUP zu einer gemeinsamen Verlagsgründung und erwähnte beiläufig, daß auch der bisherige Redaktionsleiter Englisch bei Diesterweg, Dr. Rolf Schneider, bereit sei, sich im Falle einer Verlagsgemeinschaft als Redaktionsleiter zur Verfügung zu stellen. Schneider hatte Collier darüber hinaus den Vorschlag unterbreitet, das ELTDU-Programm der Oxford University Press als eine Art »Steinbruch« zu verwenden, um aus diesem Fundus neue, dem deutschen Schulmarkt besser angepaßte Lehrmaterialien zu entwickeln.

Am 1. Januar 1970 nahm Cornelsen & Oxford University Press seine Arbeit auf. Im Mai 1971 fand dann die handelsrechtliche, notarielle Gründung von COUP statt. Als erste Geschäftsführer der neuen Verlagsgemeinschaft fungierten zunächst Franz Cornelsen und Philip Chester. Die Aufgaben der COUP beschränkten sich auf die Bereiche Planung, Entwicklung und Herstellung. Vertrieb und Auslieferung wurden auf Cornelsen Velhagen & Klasing in Bielefeld übertragen. OUP förderte den Aufbau des Tochterverlages durch eine Sonderausgabe seines Bestsellers »Oxford Advanced Learner's Dictionary of Current English« von A.S. Hornby für Deutschland.

Schneiders erste Aufgabe als Redaktionsleiter bestand darin, englische Autoren und deutsche Gesamtschullehrer zur Bearbeitung und Erweiterung von »Course of Spoken English« zu einem vierbändigen Lehrwerk für hessische Gesamtschulen zusammenzuführen. Einige Zeit nach Anlaufen dieses Projekts traf er beim Freiburger Didaktikerkongreß auf ein Autorenteam, das für den Entwurf eines Volkshochschullehrwerks bereits von zwei großen deutschen Schulbuchverlagen eine Absage erhalten hatte. Aufgrund seiner Kontakte zu den Volkshochschulen in den sechziger Jahren empfahl Manth den COUP-Mutterverlagen jedoch die Annahme des Manuskripts. 1976 erschien das Lehrwerk unter dem Titel »Englisch für Erwachsene«. Es wurde sofort zu einem durchschlagenden Erfolg auf dem Volkshochschulmarkt und blieb, auch mit seinen Nachfolgewerken »Take off« und »A New Start«, bis in die späten achtziger Jahre der größte Umsatz- und Ertragsposten. Allmählich konnte COUP immer mehr Autoren mit neuen, interessanten Projekten an sich binden. So umfaßt das Verlagsprogramm heute neben Neubearbeitungen von OUP-Titeln zahlreiche eigene Entwicklungen, unter anderem Lehrwerke für Berufsschulen, Wirtschaftsschulen, bayerische Realschulen oder für bestimmte Berufsgruppen. Sämtliche Werke wurden, dem Verlagskonzept entsprechend, von deutschen und britischen Autoren gemeinsam erarbeitet.

Versucht man eine Bilanz der nunmehr fünfundzwanzig Jahre währenden Zusammenarbeit des Cornelsen Verlags mit der Oxford University Press zu ziehen, so stehen durchweg positive Entwicklungen im Vordergrund. COUP – heute Cornelsen & Oxford (C & O) – hat für die Cornelsen-Verlagsgruppe eine zusätzliche Ausweitung auf dem englischsprachigen Schulbuchmarkt bewirkt. Besondere Beachtung verdient dabei die Entwicklung des Lehrwerkes »English G« mit Ausgaben für Gymnasien, Realschulen und Förderstufen. Schneider hatte dem Verlag die Kontaktaufnahme mit dem Mannheimer Professor Hellmut Schwarz und Professor Franz Vettel aus Heppenheim empfohlen, die Ideen und erste Konzepte für ein neues Englisch-Lehrwerk für Gymnasien und Realschulen entwickelt hatten. Dabei bildete bei Schwarz die methodisch-didaktische Konzeption und Gesamtgestaltung den Schwerpunkt, bei Vettel die Entwicklung neuer Übungsformen und grammatischer Darstellungen sowie die Ausarbeitung eines korrespondierenden Foliensystems. Das Interesse seitens des Cornelsen Verlags war groß, bot sich hier doch eine Chance, neben dem Hauptschullehrwerk Bücher für andere Schularten zu erarbeiten. Bis heute spielt Schwarz eine zentrale Rolle bei der Planung, Entstehung und Verbreitung der Englisch-Programme des Cornelsen Verlags.

Unter der redaktionellen Leitung von Martin Rosenthal nahm ein um mehrere Mitarbeiter aus Gymnasien und Realschulen erweitertes Team die Arbeit auf. Im Jahr 1973 erschien der erste Band der Reihe »English G«. Eine rasante Entwicklung bahnte sich an, traf das Lehrwerk doch auf eine Marktsituation, in der die Hauptkonkurrenten zwar an Neufassungen ihrer Titel arbeiteten, mit deren Veröffentlichung jedoch noch zögerten. So brachte »English G« den Verlag auch in diesem Marktbereich in eine führende Position und erwarb rasch das Vertrauen der Fachlehrer an Gymnasien, Realschulen und Gesamtschulen. Nach dem Ausscheiden von Rosenthal im Jahr 1985 übernahm Hellmut Schwarz die Schlüsselposition unter den Herausgebern des Lehrwerks, das inzwischen als »English G – Neue Ausgabe« vorliegt.

Auch im Hauptschulbereich, der Franz Cornelsen wegen der starken Belastung seiner Frau einige Sorgen bereitete, fand sich bald eine zufriedenstellende Lösung. Hildegard Cornelsen hatte seit Ende der sechziger Jahre gemeinsam mit dem Graphiker Hans Kossatz als zweite Nachfolgegeneration des »Peter Pim« die Hauptschulausgabe »English H« erarbeitet, konnte sich aber an der Fertigstellung und Weiterentwicklung aus gesundheitlichen Gründen nicht mehr beteiligen. Für die künftige Projektleitung stand mit Raymond Williams eine Fachkraft zur Verfügung, die bereits an Teilen von »English H« mitgearbeitet hatte und zudem über Erfahrungen im Unterricht und in der Sprachlaborarbeit verfügte. Manth hatte ihn durch eine Anzeige der »Times Educational Supplement« ausfindig gemacht und für den Verlag gewinnen können.

So fruchtbar und positiv das zurückliegende Jahrzehnt jedoch in den verschiedenen Verlagsbereichen verlaufen war: Cornelsen sah sich wie andere Schulbuchverlage einer allgemeinen Krisensituation gegenüber, die zu Anfang der siebziger Jahre eingesetzt hatte. Die Ursachen dieser Krise sind rasch benannt: Sie bestanden vor allem in einem alarmierenden Rückgang der Schülerzahlen, der auf die insgesamt abnehmende Geburtenrate in der Bundesrepublik von einer Million im Jahr 1965 auf 0,6 Millionen im Jahr 1975 zurückzuführen war. Der sogenannte Pillenknick trug dazu bei, daß an den Schulen weniger Lehrmedien als bisher benötigt wurden. Konnten sich die Schulbuchverlage auf diesen Sachverhalt vorbereiten, so waren andere Faktoren nur bedingt kalkulierbar.

Eine weitere, nicht minder folgenreiche Ursache für die krisenhafte Entwicklung besteht in der Kulturhoheit der Länder: Eine Vielzahl unterschiedlicher Lehrpläne führt bei den Verlagen zu Kleinauflagen für die einzelnen Fächer mit entsprechend höheren Kosten. Hinzu kommt der Umstand, daß in den Bundesländern aufgrund der geschrumpften Etats im Rahmen der Lernmittelfreiheit notwendige Neuanschaffungen oder Aktualisierungen erschwert, wenn nicht gar unmöglich gemacht werden, was wiederum eine verstärkte Schulbuchausleihe nach sich zieht. Und schließlich zeichnete ein Phänomen für die Krise mitverantwortlich, das Franz Cornelsen als »Fotokopierunwesen« bezeichnete: »Fotokopiergeräte«, so der besorgte Verleger, »stehen heute mit Recht in jeder Schule, damit der Lehrer einen noch besseren Unterricht durchführen kann. In dem Augenblick aber, in dem es erlaubt wird, daß Lehrer aus zumeist kostenlos bezogenen Prüfungsexemplaren in Klassenstärke fotokopieren, wird dies eine Erosion des gesamten deutschen Bildungswesens einleiten. Denn wie sollen die Schulbuchverleger künftig ihre Entwicklungskosten amortisieren? (...) Es geht um das Zusammenbrechen eines Services, den privatwirtschaftliche, mittelständische Schulbuchverlage auch für die Lehrer erbringen.«

Wir befinden uns hier auf einem Terrain, das im Kontext bildungsökonomischer Problemstellungen im Rahmen der vorliegenden Verlagschronik schon einmal gestreift wurde. Daß es erneut betreten werden muß, zeugt nur von den unmittelbaren Auswirkungen allgemeiner wirtschaftlicher und sozialer Entwicklungstendenzen auf die Wachstumschancen mittelständischer Unternehmen. Ein Schulbuchverlag wie Cornelsen ist in vielerlei Hinsicht von Faktoren abhängig, auf die aus unternehmerischer Sicht kaum ein direkter Einfluß genommen werden kann. Gesellschaftliche Veränderungsprozesse fordern dem Unternehmer ein Höchstmaß an Flexibilität, Problembewußtsein, an Realismus und Weitblick ab. In solchen Zeiten ist jene Krisentauglichkeit gefragt, die Franz Cornelsen seit 1946 bereits des öfteren unter Beweis zu stellen Gelegenheit hatte. Daß er in exemplarischer Weise an gesellschaftlichen Entwicklungen Anteil nahm, um mögliche Zuspitzungen bereits im Vorfeld in die richtigen, für alle verträglichen Bahnen zu lenken, haben wir von Zeit zu Zeit vermerkt. Franz Cornelsen war wie kaum ein anderer bereit, durch entschlossenes, verantwortliches Handeln seinen Teil zur Bewältigung akuter gesellschaftlicher Probleme beizutragen. So kann es kaum verwundern, daß er auch 1974/75 während der sich zuspitzenden Krise noch einmal den Vorsitz des Verbandes der Schulbuchverlage übernahm, den er als Gründungsvorsitzender bereits in den Jahren von 1955 bis 1960 innehatte.

In dieser Eigenschaft hielt Cornelsen, als dessen Stellvertreter der Verleger Ernst Klett amtierte, auf der 13. DIDACTA im März 1975 in Nürnberg einen Vortrag, der den Ernst der Lage eindringlich skizzierte. Sein Titel »Besinnung auf Realitäten« enthält bereits die Überlebensstrategie, die er den versammelten Kollegen nahezubringen gedachte: »Wirtschaftliche Entwicklung und pädagogische Wirklichkeit zwingen zu einer nüchternen Betrachtung der Möglichkeiten und Grenzen des Fortschritts im Bildungswesen« – Grenzen, die vor allem durch finanzielle Einsparungsmaßnahmen von seiten des Staates markiert wurden und deren Stellenwert weiterhin zunimmt: »Rückläufige oder doch wenigstens stagnierende wirtschaftliche Entwicklungen, Umschichtungen der Haushaltsmittel und dergleichen könnten dazu führen, daß versucht wird, im pädagogischen Bereich zu sparen. Unsere Bildungspolitiker wissen, daß für die Ausstattung der Schulen mit Lehr- und Lernmitteln nur etwa ein Prozent des gesamten Bildungsetats aufgewendet werden. Wenn aber in den Haushaltsausschüssen versucht werden sollte, an den Lehr- und Lernmitteln zu sparen, so wäre dies volkswirtschaftlich alarmierend. Vordergründig würde dies zumindest die Verleger und Lehrmittelhersteller treffen. Partielle Umsatz- und Erlösrückgänge gehören zum wirtschaftlichen Risiko, auf das in einem marktwirtschaftlich orientierten System jeder Marktteilnehmer vorbereitet sein muß. Viel schlimmer aber: Eine Verminderung des Lehr- und Lernmitteletats würde die Effizienz des Schulwesens drastisch vermindern. Hier würde nicht nur der bildungspolitische Fortschritt unmittelbar betroffen, sondern – phasenverschoben – die gesamte Volkswirtschaft.«

Wie schon so oft verdeutlichten auch diese bedenkenswerten Ausführungen eine für Franz Cornelsen kennzeichnende Form der Argumentationsführung. Denn im Grunde verweist seine mahnende und skeptische Diagnose weit über den konkreten Anlaß hinaus und ist heute aktueller denn je. Redete der Verleger in erster Instanz als Repräsentant und Vertreter einer Branche, deren Interessen er aus unternehmerischer Perspektive teilte, so hat sein Thema doch zugleich auch langfristige politische, gesellschaftliche und volkswirtschaftliche Implikationen. Es ging ihm stets um ein ausgewogenes Verhältnis zwischen scheinbar abstrakten bildungspolitischen Aufgabenstellungen und ihren konkreten Umsetzungsmöglichkeiten im schulischen Alltag. Zudem ließ er keinen Zweifel daran aufkommen, daß die Sicherung und Weiterentwicklung des Bildungsstandards ein unverzichtbares Engagement für die Zukunft bedeutet – eine Leistung, die sich nicht in Zahlen oder Statistiken übersetzen läßt.

»Die Kosten für allgemeinbildende oder Berufsschulen mit ca. 30 Milliarden DM jährlich sind volkswirtschaftlich gesehen die wichtigste Investition: eine Investition in den Menschen nämlich. Ihr Wert ist im Gegensatz zu den ca. 250 Milliarden DM jährlich für materielle Investitionen schwer faßbar. Warum in volkswirtschaftlichen Gesamtrechnungen die Bildungsausgaben nicht als Investitionen gerechnet werden, ist unverständlich und zeigt deutlich, wie schwer es ist, die überragende – auch volkswirtschaftliche – Bedeutung des Bildungswesens in das reale Bewußtsein der Öffentlichkeit zu bringen.«

Daß der Verband der Schulbuchverlage e.V. Franz Cornelsen gerade in jener schwierigen Lage mit der Führungsaufgabe betraute, zeugt von dem hohen Ansehen und Vertrauen, das der Verleger sowohl in menschlicher als auch in unternehmerisch-strategischer Hinsicht innerhalb der Branche genoß. Diese Wertschätzung korrespondierte mit einer Reverenz, die ihm anläßlich seines 65. Geburtstags erwiesen wurde. Der Börsenverein des Deutschen Buchhandels ehrte Franz Cornelsen 1974 durch die Verleihung der Goldenen Ehrennadel, der höchsten Auszeichnung, die diese Institution zu vergeben hat.

Neben der Bewältigung der von nun an notorischen Krise der Schulbuchverlage entstand Cornelsen ein weiteres großes Problem durch die erheblichen wirtschaftlichen Schwierigkeiten führender Berliner Druckereibetriebe. Nur drei Berliner Großdruckereien – das Druckhaus Tempelhof, Gebrüder Feyl sowie Elsner – waren durch ihre technische Ausstattung in der Lage, die von Cornelsen verwendeten großen Bogen-Formate zu drucken. Zwei von ihnen waren Hauptlieferanten des Verlages; von ihrer Lieferfähigkeit hing die Existenz von Cornelsen ab.

Zur Jahreswende 1974/75 wurde es fast zur Gewißheit, daß sowohl das Druckhaus Tempelhof als auch Gebrüder Feyl in absehbarer Zeit ihre Produktion einstellen würden. Cornelsen war gezwungen zu handeln, wollte man nicht durch eine Herstellung außerhalb Berlins die Standort-Präferenzen vor Ort aufs Spiel setzen. Der Verlag mußte seine Bücher in Berlin produzieren. So stellte man in einer rekordverdächtigen Zeit von gerade einmal elf Monaten einen eigenen Druckereibetrieb auf die Beine, der fortan als Hausdruckerei für einen gewichtigen Teil des Druck-

Das Richtfest für CVK-Druck, Franz Cornelsen am Rednerpult

Von links: Manfred Lösing,

Dieter Buchhierl und Martin Rosenthal

Von links: Hans-Herbert Kannegießer,

Barbara Schmid-Heidenhain, Jochen Meyer-Quade

volumens der gesamten Cornelsen-Gruppe fungierte. Im Frühherbst 1976 wurde die Produktion aufgenommen – mit zunächst zwei großformatigen, leistungsfähigen Mehrfarbmaschinen. Das Investitionsvolumen betrug sieben Millionen DM.

Welch hohes Risiko der Verleger mit dieser Initiative eingegangen war, wird ihm selbst nur allzu präsent gewesen sein. Denn anders wäre der Galgenhumor nicht zu verstehen, von dem Franz Cornelsens Worte auf dem Richtfest des Tegeler Druckereigebäudes durchdrungen waren. Es gebe zwei wirklich große Ereignisse im Leben eines Verlegers, soll der Bauherr nach Ohrenzeugenberichten geäußert haben: »Eine Druckerei zu eröffnen... und sie wieder zu schließen.« Daß Cornelsen auch in angespannten Situationen seinen Sinn für ein nachgerade britisches Understatement nicht eingebüßt hat, darf über das spezifische Persönlichkeitsmerkmal hinaus getrost als ein dauerhaftes Geheimnis seines Erfolges bewertet werden.

Da sich der Bereich Englisch sowohl in den Hauptschulen als auch in den weiterführenden Schulen zu diesem Zeitpunkt bereits zum tragenden Pfeiler für Cornelsen entwickelt hatte, rückten gegen Ende der siebziger Jahre zusehens die Defizite im Bereich Französisch in den Blickpunkt. Zumal im Vergleich mit den vorbildlichen Englisch-Lehrwerken des Verlages nahmen sich die wenigen französischsprachigen Lektüren zur damaligen Zeit eher bescheiden und revisionsbedürftig aus. Neben einigen Lesebüchern sowie den alten, in didaktischer Hinsicht anachronistischen Velhagen & Klasing-Titeln hatte man zwar als eine Art »Langzeitblume« das Liederbuch »Le Coucou« (Der Kuckuck) mit dreißig Chansons und eine Text-Reihe für Oberstufenprojekte im Repertoire; ein ausgereiftes Lehrwerk hingegen, das den eigenen hohen Anforderungen genügt hätte, lag bis dahin nicht vor. Aus diesem Grund begab sich der für den Bereich Fremdsprachen zuständige Götz Manth auf die Suche nach Mitarbeitern für einen kompetenten Redaktionsstab. Über seine langjährigen Volkshochschulkontakte konnte bald darauf ein Team aus geeigneten Fachkräften zusammengestellt werden. Als eigentliche Geburtsstunde der Cornelsen-Redaktion Französisch muß jedoch die Einstellung von Alfred Prédhumeau im November 1980 bezeichnet werden. Neben seinen einschlägigen

Erfahrungen auf dem Verlagssektor und im Bereich der Erwachsenenbildung brachte der zweisprachig aufgewachsene Prédhumeau ein »Kapital« in die neue Redaktion ein, das nicht nur für einen Schulbuchverlag unverzichtbar ist: Er verfügte über ausgezeichnete Kontakte, die er in der Folgezeit umsichtig zu nutzen verstand.

Als erstes eigenständiges Französisch-Lehrwerk des Cornelsen Verlags erschien Anfang der achtziger Jahre der für die Volkshochschule konzipierte Band »Rendez-vous«. Diesem durchweg freundlich aufgenommenen Titel folgten bald darauf »Étapes«, ein auf Gymnasien zugeschnittenes Lehrwerk, sowie das Realschullehrwerk »Réalités«, das zu Beginn der neunziger Jahre gute Erfolge vor allem in den neuen Bundesländern erzielen konnte. Insgesamt hatte sich Cornelsen aufgrund seines relativ späten Engagements im Bereich Französisch auf einem weitgehend erschlossenen Markt durchzusetzen. Die Entwicklungstendenzen innerhalb der zurückliegenden Dekade waren überaus fruchtbar und positiv. Nichtsdestoweniger arbeiten Prédhumeau und sein Team weiterhin an einer noch deutlicheren Profilierung des Verlags als Vermittler einer Sprache, die nicht nur zu den einflußreichsten, sondern auch zu den lebendigsten Verständigungsformen in Europa zählt. Darüber hinaus gewann der Bereich Spanisch an Kontur: Hierfür steht etwa das Lehrwerk »Encuentros« ein, das auf kompetente und anregende Weise das Erlernen der sogenannten dritten Fremdsprache erleichtert.

Am 24. Mai 1978 wurde Franz Cornelsen für seine Verdienste um die Berliner Wirtschaft sowie für die erfolgreiche und wegweisende Entwicklung moderner Unterrichtsmaterialien im Namen des Senats die Ernst-Reuter-Plakette verliehen – auch heute noch die höchste Auszeichnung der Stadt Berlin. »Mit dieser Auszeichnung«, hieß es in der von Bürgermeister Wolfgang Lüder überreichten Urkunde, »sollen die Verdienste gewürdigt werden, die sich Herr Franz Cornelsen um Berlin vor allem durch seine erfolgreiche Verlegertätigkeit erworben hat. Er hat wesentlich dazu beigetragen, daß Berlin über seine Grenzen hinaus als ein Zentrum für die Entwicklung und Produktion moderner Lehrmedien bekannt geworden ist und Anerkennung gefunden hat.«

Bürgermeister Wolfgang Lüder verleiht Franz Cornelsen die Ernst-Reuter-Plakette

Drei Jahre später, am 23. Mai 1981, erkannte ihm die Universität von Oxford den Titel eines »Master of Arts honoris causa« zu. Cornelsen war übrigens der erste Deutsche aus dem nichtuniversitären Bereich, dem im traditionsreichen Sheldonian Theatre zu Oxford diese Ehre zuteil wurde. Anders als der Name des Gebäudes vermuten läßt, war das 1669 erbaute, vom Erzbischof von Canterbury gestiftete »Sheldonian« kein eigentliches Theater, sondern der Ort, an dem seit über dreihundert Jahren die offiziellen Festakte der Universität Oxford stattfinden – unter anderem »The Act«: die jährliche Ehrung von Stiftern sowie die Verleihung akademischer Grade. Franz Cornelsens Erinnerungen vermitteln einen sinnfälligen Eindruck von der ehrwürdigen, auf ehernen Traditionen basierenden Zeremonie: »In der Mitte des Raumes hielt mich der Public Orator an und verlas mit seinem sehr sonoren Organ und einem leichten irischen Akzent die lateinische Laudatio. Die Rede war, wie bei solchen Anlässen üblich, ein wenig überhöht, aber auch mit typisch englischem Humor gemischt. Elf Jahre Latein an einem altsprachlichen Gymnasium setzten mich gerade instand, der Ansprache zu folgen. Hildegard – d. h. Hildegardia – wurde darin als aktive Helferin des Franziscus nicht vergessen; sie saß auf einer erhöhten Bank und konnte alles gut sehen. Es war für mich und meine Frau eine eindrucksvolle Stunde.«

Daß der Festakt in Oxford zugleich eines der letzten herausragenden gemeinsamen Erlebnisse des Ehepaars Cornelsen sein sollte, konnte der Geehrte im Mai 1981 noch nicht ahnen. Denn wenige Monate darauf, am 28. September 1981, verstarb Hildegard Cornelsen im Alter von 76 Jahren auf Ibiza. Ihr Tod kam trotz ihres Herzleidens plötzlich und war für alle ihr Nahestehenden ein schwer zu verwindender Schock. Franz Cornelsen verlor eine fürsorgliche Gefährtin, die ihm in einer über vierzig

Franz Cornelsen bei der Verleihung des M.A. (Oxom) h.c. im Sheldonian Theatre Oxford

Eine der letzten Aufnahmen von Hildegard Cornelsen: »lebensfroh, prüfend, am Gegenüber interessiert, von sich selbst absehend«

Jahre währenden Ehe mit Rat und Tat zur Seite gestanden hatte; der Verlag verlor eine ebenso herausragende wie bescheiden-zurückhaltende Autorin und Zeichnerin. Im Jahr ihres Todes betrug die Gesamtauflage der von ihr verfaßten und gestalteten Bücher über 35 Millionen. »Sie besaß«, so Pfarrer Johannes Hagemann in seiner Ansprache zur Trauerfeier für Hildegard Cornelsen am 9. Oktober 1981, »eine faszinierende Anziehungskraft auf andere Menschen, für die sie sich beinahe leidenschaftlich interessierte, und sie strahlte eine ansteckende Lebendigkeit und vitale Fröhlichkeit aus.«

Hildegard Cornelsens unerwarteter Tod hinterließ eine Lücke, die deshalb so schmerzlich erschien, weil schöne Erinnerungen mit ihr verknüpft waren; Erinnerungen, die unter anderem auch von Räumen und Gegenständen ausgingen, die der Verstorbenen gehört hatten. So betitelte etwa Götz Manth einen Text aus dem Jahr 1983 »Hilda's Room«: »Einige Monate nach ihrem Tode standen wir noch einmal in dem Zimmer, in dem Hildegard Cornelsen als Hildegard Friedrichs ein Vierteljahrhundert lang an ihrem Lehrwerk ›Peter Pim and Billy Ball‹ gearbeitet hat. Da standen – verlassen und leer – am Fenster zur Binger Straße der einfache Arbeitstisch mit der kleinen Leuchtplatte in der Mitte, in der Ecke das halbrunde blaue Sofa, der dazugehörige Sessel und die beiden schlichten Holzstühle vor einem niedrigen runden Tisch. Zwischen den Bücherregalen die Tonfiguren von den Balearen, hinter dem Sofa eine Negerplastik und an den weißen Wänden Grafiken von Miró. Das war die Welt, in der sie arbeitete. Oft genug in all den Jahren brannte spät am Abend hinter dem Fenster links im ersten Stock noch Licht; denn »Hildchen« – wie wir alten Mitarbeiter sie respektlos-liebevoll unter uns nannten – verband eine außergewöhnliche schriftstellerische und zeichnerische Begabung mit nicht minder großem Fleiß, Ausdauer und Selbstdisziplin ...«

Eine der letzten, auf Ibiza aufgenommenen Photographien zeigt Hildegard Cornelsen aus der Sicht ihres Mannes »lebensfroh, prüfend, am Gegenüber interessiert, von sich selbst absehend. So blieb sie bis zu ihrem letzten Lebenstag«, und so sollte sie nach Franz Cornelsens Wunsch auch ihren Freunden und Bekannten, Mitarbeitern und Kollegen in Erinnerung bleiben.

Um Abstand zu gewinnen, verbrachte der Verleger nach dem Tod seiner Frau mehr als ein halbes Jahr auf Ibiza, wo das Ehepaar ein altes Landhaus besaß. Die anhaltende Strukturkrise der Schulbuchverlage machte jedoch seine baldige Rückkehr nach Berlin unverzichtbar. Ohne seine Präsenz hätte der Verlag weder auf mögliche Krisensymptome schnell und angemessen reagieren noch die sich anbahnenden Übernahmen der Verlage

Hirschgraben in Frankfurt/M. und Girardet in Essen in die Wege leiten können, von denen im nächsten Kapitel ausführlicher die Rede sein wird. Gerade in schwierigen Zeiten bedürfen Unternehmen einer tatkräftigen, kompetenten und integrativen Führungspersönlichkeit, an der sich die Mitarbeiter orientieren können. Überdies zeichneten sich durch das kontinuierliche Ausscheiden der ersten Mitarbeiter- und Geschäftsführergeneration für die achtziger Jahre wichtige Personalentscheidungen ab, die für die Weiterentwicklung des Unternehmens von derart großer Bedeutung waren, daß ein umittelbarer Einfluß des Verlegers unabdingbar schien. Aus diesen Erwägungen heraus nahm Franz Cornelsen schließlich 1982 im Alter von 74 Jahren seine Tätigkeit als aktiver Geschäftsführer der Cornelsen-Gruppe wieder auf.

Eine der vordringlichsten Aufgaben bestand im Aufbau bislang nur rudimentär beachteter Unterrichtsfelder. Alfred Grüner, der seinen Wunschwohnsitz in München hatte, wurde 1982 mit dem Ausbau einer Redaktion Deutsch und Geschichte in der bayerischen Hauptstadt betraut. 1986 wurde das Redaktionsbüro an den zur Cornelsen-Gruppe gehörenden Hirschgraben Verlag in Frankfurt/M. angebunden. Als Geschäftsführer fungierten neben Dr. Franz Löffelholz Werner Thiele und Alfred Grüner. Ende 1992 – im Zuge der Konzentration aller verlegerischen Aktivitäten in Berlin – wurde das Münchener Büro geschlossen. Die in München entwickelten Werke werden seitdem unter der verlegerischen Geschäftsführung Grüners von der Redaktion Deutsch bzw. der Redaktion Geschichte/Politik des Cornelsen Verlags weitergeführt. Zwischen 1982 und 1992 entstand unter anderem mit den »Deutschstunden« ein Unterrichtswerk für Gymnasien und Realschulen, das aus eng aufeinander abgestimmten Lese- und Sprachbüchern besteht. Bei ihrer Konzeption stellten die Herausgeber, Autoren und Redakteure die Erfahrungen, Erwartungen und Möglichkeiten von Kindern und Jugendlichen in den Mittelpunkt. Unter diesem Gesichtspunkt wurden unterschiedliche methodisch-didaktische Ansätze zusammengeführt.

Für das Fach Geschichte an Gymnasien und Realschulen wurde das »Geschichtsbuch« entwickelt, das zu hohem Ansehen in Fachkreisen gelangte. An seiner Entstehung war ein großes Team aus Fachwissenschaftlern, Fachdidaktikern und Schulpraktikern beteiligt. Programmatisch steht in diesem Lehrwerk die Arbeit mit historischen Quellen sowie die Auseinandersetzung mit historischen Darstellungsformen im Vordergrund. Weit über die Vermittlung von Namen und Daten hinaus ermunterte das »Geschichtsbuch« zur eigenständigen ›Spurensicherung‹ im Vergangenen. Nachdenken statt Auswendiglernen hieß die Devise eines Lehrwerks, von dem ein begeisterter Rezensent schrieb, es handle sich um »das Flaggschiff einer neuen Generation von Geschichtsbüchern«.

In den Jahren 1981 und 1982 entstand nach Entwürfen des Architekten Waldemar Poreike in einer Bauzeit von rund 18 Monaten jenes moderne, repräsentative Verlagsdomizil in der Mecklenburgischen Straße 53, das wir heute als Cornelsen-Haus kennen. Der Neubau war notwendig geworden, weil die räumlichen Verhältnisse im Berliner Buchhandels-Zentrum in der Lützowstraße keinerlei Ausdehnung mehr zuließen und sich der Zuschnitt der dortigen Räume für die Zwecke eines expandierenden Verlages nicht mehr eignete. Insbesondere konnte man dem wachsenden Bedarf an Einzelzimmern für Redakteure nicht mehr gerecht werden. Mit den Zeiten ändern sich naturgemäß auch die Bedürfnisse. Da ein geeignetes Mietobjekt, das den Anforderungen (»ruhige Lage«, »große Anzahl gut belichteter Räume«) entsprochen hätte, trotz intensiver Bemühungen nicht ausfindig gemacht werden konnte, entschloß sich Cornelsen im Interesse seiner damaligen und zukünftigen Mitarbeiter zum Bau eines eigenen Hauses. Faszinierend erschien nicht zuletzt die Chance, eine in räumlicher wie auch in städtebaulicher Hinsicht »optimale« Lösung zu entwerfen und in die Tat umzusetzen.

Einige Fakten mögen das vom Cornelsen-Haus verkörperte »Optimum« illustrieren: Das Gebäude verfügte nach seiner Fertigstellung zunächst über eine Bruttogeschoßfläche von ca. 4000 qm. Im Erdgeschoß befand sich das Informationszentrum für Lehrer inklusive Konferenzraum. Werbeabteilung und Zentrale Dienste teilten sich die verbleibende Geschoßfläche. In den Etagen eins bis vier waren die Redaktionen, die Herstellungs-

Blick in den Garten

abteilung, die Buchhaltung sowie die Geschäftsleitung untergebracht. Insgesamt standen mehr als 110 Räume zur Verfügung, davon rund 85 Büroräume. Etwa 50 von ihnen waren als Einzelräume gestaltet, um insbesondere den Redaktionsmitarbeitern störungsfreie Arbeitsmöglichkeiten zu gewährleisten. Als Sonderräume wurden ein Fotoatelier, ein Fotolabor und ein Tonstudio eingerichtet. Den Redaktionen stand eine Bibliothek mit weit über 10.000 Bänden zur Verfügung. Außergewöhnlich für einen Gewerbebau war und ist der idyllische, auf der Rückseite gelegene Öko-Garten mit Teich und Brücke.

Da sich die Zahl der im Cornelsen-Haus beschäftigten Mitarbeiter inzwischen mehr als verdreifacht hat, wurden im Verlauf der zurückliegenden Jahre einige Anbauten notwendig. Gemeinsam mit den ursprünglichen Gebäudeteilen stehen sie für ein hochmodernes Verlagshaus mit menschlichen Ausmaßen und Dimensionen. Jedem Besucher wird sich der Eindruck vermitteln, daß schon bei der Errichtung des klar akzentuierten Gebäudes die Bedürfnisse des arbeitenden Menschen die einzig relevante Bezugsgröße gewesen sind. Fast hat es den Anschein, als manifestiere sich im Cornelsen-Haus jene übergreifende Vision, die den Verleger seit 1946 geprägt und angespornt hat. Eine Vision, die im Verlauf seiner verlegerischen Tätigkeit sowohl in inhaltlich-thematischer als auch in räumlich-instrumenteller Hinsicht immer deutlicher an Konturen gewann. Franz Cornelsen hat sie gleich zu Beginn seiner Ansprache zur Einweihung des nach ihm benannten Verlagshauses am 10. Juni 1983 zur Sprache gebracht: »Die Investition in den Menschen ist die wichtigste, die es überhaupt gibt. Niemand hat das mit mehr Verve vorgetragen, als Friedrich List vor einhundertfünfzig Jahren. Und was dieser Querkopf – wie vor ihm schon John Smith – gesagt hat, gilt auch heute noch. Was in die Köpfe, in die Herzen und in die Hände der Menschen investiert ist, ist unvergänglich. Wir wollten eigentlich in nichts anderes investieren. Vor zehn Jahren haben wir gesagt, wir wollen keine eigene Druckerei, keine eigene Buchbinderei, auch kein eigenes Verlagshaus. Doch Sie sehen, was aus solchen Vorsätzen wird.«

»Fortschritt unter Bewahrung des Bewährten.«
DIE EXPANSIVE VERLAGSENTWICKLUNG IN DEN ACHTZIGER JAHREN 1983–1989

Die feierliche Einweihung des neuen Verlagshauses in der Mecklenburgischen Straße am 10. Juni 1983 wurde für Franz Cornelsen wie auch für die rund 140 anwesenden Mitarbeiter des Cornelsen Verlages zu einer Standortbestimmung der besonderen Art. Die Mehrzahl der Festredner fühlte sich aufgerufen, noch einmal an die beeindruckende Wegstrecke zu erinnern, die das Unternehmen seit seiner Gründung zurückgelegt hatte – an persönliche Erfahrungen mit Menschen und Büchern oder an herausragende Ereignisse der Unternehmensgeschichte. Einem Aspekt kam dabei eine besondere Bedeutung zu: Stellvertretend für die Berliner Wirtschaft verwies Horst Elfe, der damalige Präsident der Industrie- und Handelskammer zu Berlin, in seiner Ansprache ausdrücklich auf den dauerhaften, vor dem Hintergrund der historischen Ereignisse keineswegs selbstverständlichen Einsatz des Verlegers zugunsten des Standortes: »Wenn heute die Einweihung dieses Gebäudes gefeiert wird, gilt es nicht nur, den Verlag als wirtschaftliche und kulturelle Einrichtung zu würdigen, sondern auch eine Verlegerpersönlichkeit wie Franz Cornelsen, der mit unternehmerischem Mut zum Risiko ein beispielhaftes Berlin-Engagement bewiesen und diese Verlagsgruppe zielstrebig in dieser Stadt auf- und ausgebaut hat.«

Der Cornelsen Verlag, mittlerweile zu einem der größten Schulbuchverlage der Bundesrepublik und zum größten in Berlin avanciert, stehe, so Elfe weiter, für eine gelungene Synthese aus wirtschaftlichen Erfordernissen und kulturellen Ansprüchen. Gerade in seiner Vermittlungs- oder Schwellenposition – zwischen Geist und Geld – sei er für Berlin unverzichtbar. »In einer weitgehend säkularisierten und profanisierten Welt ist das geistige Kapital unser stärkstes. Sollten wir es in dieser Stadt verlieren, würden uns wirtschaftliche Anstrengungen allein wenig nützen.« Es sei naheliegend, daß Berlin in wirtschaftlicher Hinsicht noch eine Menge zu leisten habe. Ohne die Präsenz des Geistes jedoch seien alle ökonomischen Bemühungen vergebens. Im Grunde formulierte Elfe zu Beginn der achtziger Jahre einen Gedanken, der sich heute, im Kontext kontrovers geführter »Hauptstadtprüfungen« und -debatten, als ungebrochen aktuell erweist: »Wenn Berlin nicht weiterhin eine Metropole des Geistigen bleibt, werden wir unsere Aufgabe nicht erfüllen können.«

Die Einweihung des Cornelsen-Hauses bot aber nicht nur den über 100 versammelten Honoratioren und Freunden die Gelegenheit, noch einmal die enge Verflechtung des Unternehmens mit Berlin ins rechte Licht zu rücken, sie hatte auch eine ungewöhnlich hohe Medienpräsenz in den größten Zeitungen der Stadt zur Folge. Jedes dritte Schulbuch, das ein Berliner Schüler in seiner Mappe trug, stammte mittlerweile von Cornelsen; eine Tatsache, die einer breiteren Öffentlichkeit bis dahin kaum bekannt gewesen sein dürfte. Bei der Entwicklung von Schulbüchern stehen nun einmal die funktionalen Aspekte im Vordergrund. Ihre Autoren, ebenso wie die Redaktionen des Hauses, erfüllen eine im besten Sinne dienende Aufgabe – in aller Regel verschwinden sie hinter ihren Werken. Das traf auf Hildegard Cornelsen und ihren »unbekannten Bestseller« (Frankfurter Allgemeine Zeitung) »Peter Pim and Billy Ball« in gleicher Weise zu wie auf die übrigen, nicht selten renommierten Autoren des Cornelsen Verlags, für die im Rahmen des Festaktes Professor Dr. Peter W. Kahl aus Hamburg, jahrelang enger Berater von Hildegard Cornelsen, sprach. Seine Grußadresse faßte stellvertretend noch einmal die wichtigsten Motive zusammen, die seine Mitarbeit zu einer dauerhaften Liaison mit Cornelsen werden ließen: »Schulbücher sind ein wichtiges und wirksames Mittel der Schulreform, die bei Cornelsen immer als Evolution, als Fortschritt unter Bewahrung des Bewährten verstanden wurde. Bücher und Medien bieten aber auch Möglichkeiten, die zentrifugalen Tendenzen eines föderativ organisierten Bildungswesens, wie wir es in der Bundesrepublik haben, zu mildern – eine Möglichkeit, der in jüngster Zeit durch kleinkarierte Richtlinien in einzelnen Bundesländern entgegengewirkt wird. Schulbücher bilden sozusagen eine Klammer, durch die der Unterricht in verschiedenen Regionen Deutschlands zusammengehalten wird.«

Kahls kritischer Seitenhieb hatte natürlich die Ursachen jener Krise der Schulbuchverlage zum Ziel, von denen weiter oben die Rede war und deren Auswirkungen heute in verstärktem

Maße spürbar sind. Daß sie gerade an einem solchen Tag aus berufenem Munde aufs Tapet gebracht wurden, verdeutlicht nicht nur die gravierenden Konsequenzen der regionalisierten Lehr- und Bildungspläne für die bundesdeutschen Schulbuchverlage, es unterstreicht vor allem auch den Umstand, daß die Erarbeitung von Schulbüchern für die Autoren einer echten Passion gleichkommt. Ihr Engagement »zum Wohle der Bildung in unserem Lande« ist auf ein kreatives verlegerisches Klima angewiesen. Auch hierfür steht in den Augen Peter W. Kahls der Name Cornelsen: »Der Erfolg eines Unternehmens, bei dem es auf Ideen und schöpferische Arbeit ankommt, hängt zu einem großen Teil davon ab, wie weit es gelingt, die Mitarbeiter für die anstehenden Aufgaben zu motivieren. In den vielen Jahren meiner Zusammenarbeit mit diesem Verlagshaus habe ich das innovationsfreundliche Arbeitsklima, die Aufgeschlossenheit für neue Ideen, aber auch das Engagement für die Aufgabe und die faire Kooperation als äußerst wohltuend empfunden.«

Die hier angesprochene enge Bindung der Autoren an den Cornelsen Verlag – ein wechselseitiges Vertrauensverhältnis, das bisweilen weit über konkrete Projektzusammenhänge hinausgeht – läßt sich auch auf die übrigen Beschäftigten der Verlagsgruppe übertragen. »Wir mußten dieses Haus bauen«, so der Verleger, »um unseren Mitarbeiterinnen und Mitarbeitern optimale Arbeitsmöglichkeiten zu schaffen. Diese Mitarbeiter haben während der zurückliegenden 37 Jahre dazu beigetragen, daß wir es bauen konnten. Was uns vielleicht besonders auszeichnet, ist die langjährige Bindung an eine Aufgabe. Keiner unserer leitenden Angestellten ist weniger als 12, der älteste ist über 35 Jahre bei uns. Im gewogenen Durchschnitt sind es über 20 Jahre. Diese beinahe japanischen Verhältnisse mögen rückständig erscheinen; aber sie geben einem Unternehmen, das so kompliziert ist wie ein Schulbuchverlag, Kraft und Stabilität. Beides benötigen wir aufgrund der besonderen Schwierigkeiten, unter denen wir arbeiten.«

Der 10. Juni 1983 war trotz des feierlichen Anlasses kein Tag für Sonn- und Feiertagsredner. Franz Cornelsen selbst gestattete sich zum Abschluß seiner Ansprache einen »Aufschrei der Verzweiflung« gegen das anhaltende Kopierunwesen. Denn »wir

Schulbuchverleger arbeiten meist in der Stille und werden von der öffentlichen Meinung wenig beachtet. Da nun heute Prominenz und Medien bei uns zu Gast sind, sehe ich eine gute Gelegenheit, um diesen dringenden Notruf auszustoßen«. Auch die Senatorin für Schulwesen, Jugend und Sport, Dr. Hanna-Renate Laurien, behandelte in ihrer Ansprache in erster Linie bildungsökonomische Problemstellungen. Es ist für das Selbstverständnis des Verlages durchaus kennzeichnend, daß bereits der Festakt zur Einweihung des neuen Gebäudes von einer zupackenden Grundhaltung jenseits der großen Worte durchzogen war. Franz Cornelsen und andere nutzten die Gunst der Stunde, um auf die Schwierigkeiten ihrer Branche aufmerksam zu machen. Zwischen den Zeilen aber dominierte der Geist einer zielgerichteten verlegerischen Tätigkeit, deren Pensum stetig zunahm. Die Anforderungen und Aktivitäten des Verlages gestalteten sich zu Beginn der achtziger Jahre derart vielschichtig und umfangreich, daß Unterbrechungen weder angebracht noch ratsam erschienen. Glückwünsche wurden dankbar entgegengenommen, doch ohne dabei die weitere Entwicklung aus den Augen zu verlieren.

Bereits Mitte des Jahres 1981 hatte Cornelsen Kooperationsgespräche mit dem Hirschgraben Verlag in Frankfurt/M. aufgenommen, dessen Schwerpunkte in den Bereichen Deutsch, Geschichte und Politik sowie evangelischer Religion lagen. Anfangs ging es dabei um mögliche gemeinsame Entwicklungsvorhaben, bald darauf jedoch auch um das Ausloten von Kooperationsmöglichkeiten auf dem Auslieferungs- und Vertriebssektor. Nach einer zwischenzeitlichen Phase der Stagnation wurden die Gespräche gegen Ende des Jahres 1982 fortgesetzt, nun allerdings unter veränderten Vorzeichen. Denn inzwischen war ruchbar geworden, daß sich die Verlagsgruppe Athenäum und Hirschgraben mit ernsthaften Liquiditätsschwierigkeiten auseinanderzusetzen hatte. Das angesehene Frankfurter Verlagshaus war stark überschuldet. Im Januar 1983 erwarb Cornelsen den Hirschgraben Verlag, nachdem zuvor das Organschaftsverhältnis zwischen Hirschgraben und Athenäum aufgelöst worden war. Zum Geschäftsführer neben Dr. Franz Löffelholz wurde Werner Thiele ernannt, der seit 1978 als Assistent der Geschäftsführung bei Cornelsen tätig war. Diese Arrondierung bildete den Auftakt für insgesamt fünf Verlagsübernahmen, die im Verlauf der achtziger Jahre zu einer modifizierten Struktur der Cornelsen-Gruppe führten. Sie sollen im folgenden zusammenhängend dargestellt und kommentiert werden.

Ähnlich wie im Falle Velhagen & Klasing traten auch bei Hirschgraben mehrere potentielle Käufer auf den Plan, die sich weniger an einer kontinuierlichen Fortführung des Verlages unter nunmehr veränderten Rahmenbedingungen, denn vielmehr an einem Ankauf einzelner Verlagsrechte interessiert zeigten. Umgangssprachlich heißt das: Die Rosinen sollten aus dem Kuchen gepickt werden. Für Cornelsen hingegen, dessen Übernahmepolitik stets von der Eigenständigkeit der hinzugewonnenen Tochterunternehmen an ihrem angestammten Standort ausging,

Das Cornelsen-Haus, Blick von der Mecklenburgischen Straße

bestand die Attraktivität des Hirschgraben Verlags vor allem in einer systematischen Erweiterung und Vervollständigung des eigenen Programms durch die von Hirschgraben repräsentierten Verlagssegmente Deutsch und Geschichte. Diese bei Cornelsen noch unterentwickelten Bereiche sollten durch den Ankauf gestärkt und zugleich das Verlagsprogramm insgesamt auf eine breitere Basis gestellt werden. Überdies war auf diesem Wege trotz stagnierender Umsätze infolge der allgemeinen Strukturkrise der Schulbuchverlage Ende der siebziger Jahre ein wichtiger Beitrag zur Aufrechterhaltung des Marketing-Apparates in Bielefeld zu leisten, denn sowohl die Auslieferung von Hirschgraben als auch dessen Marketing und Vertrieb wurden bis zum Jahresende 1983 nach Ostwestfalen verlegt.

Wie bereits geschildert, hatte Cornelsen gerade ein Jahr zuvor eine eigene Redaktion für Deutsch und Geschichte in München aufgebaut – nicht zuletzt zum Zwecke der Stärkung jenes Verlagssegments gegenüber dem damaligen Branchenkonkurrenten Hirschgraben. Auch wenn Cornelsen damals als ein auf englischsprachige Lehrwerke konzentrierter Verlag bei seinen späteren Arrondierungsgeschäften kaum redaktionelle Überschneidungen zu verzeichnen hatte, kann dieser plötzliche Synergieeffekt doch nicht anders als paradox bezeichnet werden. Hatte man bis zum Jahr 1982 lediglich »Putzgers Historischen Weltatlas« als Solitär im Programm, so standen nun gleich zwei Geschichtsredaktionen zur Verfügung. Alfred Grüners Bemühungen in München wurden durch die Übernahme von Hirschgraben keineswegs obsolet; lediglich seine Ausgangsbasis verbesserte sich schlagartig. »Der Schulbuchmarkt der achtziger Jahre«, heißt es in einem Bericht der Geschäftsführung vom Januar 1983, »dürfte zunehmend mehr von heftigem Wettbewerb bei relativ schwacher Finanzkraft des Marktes geprägt sein. Eine Programmabstimmung zwischen den beiden Verlagen und deren Redaktionskapazitäten wird eine der ersten Aufgaben sein, um ein für die Zukunft optimales Angebot durch die Verlagsprogramme von CVK und Hirschgraben auf den Markt bringen zu können.«

Gemeinsam mit Hirschgraben hatte Cornelsen im Jahr 1983 auch dessen Tochterunternehmen übernommen: den Scriptor

Verlag, der seitdem als eigenständiges Tochterunternehmen der Cornelsen Verlagsgruppe betrieben wird. Die Schwerpunkte dieses kleinen, seinerzeit in Frankfurt/M. ansässigen Verlags liegen in den Bereichen Pädagogik, Lernhilfen sowie Jugendlexika. Da Scriptor auch außerhalb der Schulen einige Popularität gewonnen hatte, entschloß sich Cornelsen, anders als bei den übrigen Verlagstöchtern, zur Beibehaltung des Doppelnamens. Noch heute firmiert das Unternehmen unter der Bezeichnung Cornelsen-Scriptor, wobei die graphische Gestaltung der beiden Schriftzüge verdeutlicht, daß Cornelsen gleichsam das Dach verkörpert, unter dessen Obhut der kleinere Verlag operiert. Gegen Ende des Jahres 1995 wurde der graphische Anspruch auch in räumlicher Hinsicht in die Tat umgesetzt: Scriptor übersiedelte unter Bewahrung seiner Selbständigkeit nach Berlin, um die dort konzentrierten Ressourcen besser und effektiver nutzen zu können.

Ohne jegliche Programmüberschneidungen vollzog sich dagegen die Übernahme des W. Girardet Buchverlages in Essen, ebenfalls im Jahr 1983. Spätestens jetzt bekommt auch der Außenstehende eine Vorstellung davon, weshalb der Festakt zur Einweihung des Cornelsen-Hauses von dem Willen geleitet sein mußte, so bald als möglich zum Tagesgeschäft überzugehen. Girardet hatte sich als Fachbuchverlag vor allem für Berufsschulen einen Namen gemacht und verfügte über Standardwerke im technischen sowie im kaufmännischen Bereich. Hinzu kamen angesehene Mathematik-Werke, sowohl für Berufs- als auch für Hauptschulen. Da Cornelsen auf diesem Sektor keinen einzigen Titel anzubieten hatte, war die Entscheidung für eine Übernahme rasch gefallen.

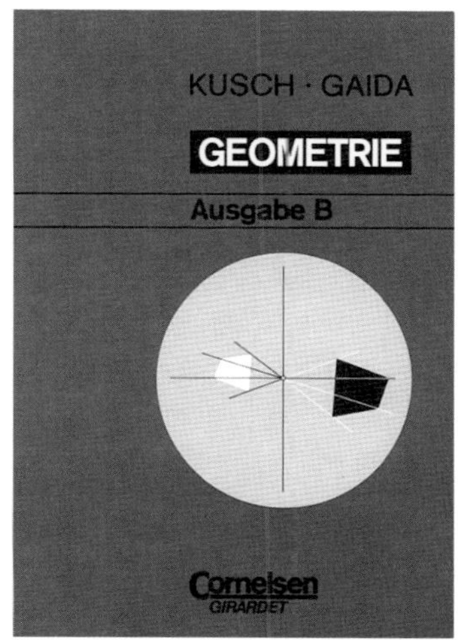

Der Essener Verlag wurde zunächst über einen Zeitraum von zwei Jahren vor Ort als eigenständiges Tochterunternehmen der Cornelsen-Gruppe weitergeführt. 1985 nahm Cornelsen dann durch die Vermittlung von Dr. Hans Weymar, heute einer der verlegerischen Geschäftsführer in Berlin und in den Jahren von 1969 bis 1977 bereits Mitarbeiter bei Cornelsen, erste Kooperationsgespräche mit dem in Düsseldorf ansässigen pädagogischen Verlag Schwann-Bagel auf, dessen Programmschwerpunkte auf den Bereichen Geschichte und Politik, Deutsch, evangelische

Religion sowie auf Grundschullehrwerken lagen. Die 1985 vereinbarte Zusammenarbeit zwischen Cornelsen und Schwann-Bagel basierte zunächst auf einem Tauschgeschäft: Cornelsen brachte Girardet bei Schwann-Bagel ein und erhielt als Gegenleistung 25 Prozent der Anteile an dessen Schulbuchprogramm. Zudem wurde Cornelsen der gesamte Bereich Marketing und Vertrieb übertragen, der gemeinsam mit der Auslieferung ab 1986 von Bielefeld aus betreut wurde. Das wesentliche Ziel dieser Kooperation bestand darin, die Aktivitäten von Schwann-Bagel und Girardet auf dem Gebiet der Mathematik für allgemeinbildende Schulen aufeinander abzustimmen und somit zu verstärken. Darüber hinaus sollte das Berufsschulprogramm weiter ausgebaut werden.

1986 trat der Hauptgesellschafter von Schwann-Bagel, der Düsseldorfer Karl Rauch Verlag, mit einer Minderheitsbeteiligung in die neugegründete Cornelsen-Verlagsholding ein. Im März 1987 übernahm Cornelsen schließlich die gesamten Anteile des Schulbuchprogramms von Schwann-Bagel, das zur Arrondierung des eigenen Verlagsprogramms nützlich war. Das neue Unternehmen mit dem Namen Cornelsen Verlag Schwann-Girardet GmbH & Co. KG wurde zu einer eigenständigen Tochtergesellschaft mit Sitz in Düsseldorf. In ihr sollten die bisherigen Schulbuchaktivitäten von Schwann-Bagel sowie das gesamte Programm von Girardet weitergeführt und ausgebaut werden. Als Geschäftsführer wurden Hans Weymar und Manfred Lösing berufen.

Cornelsen übernahm mit Schwann-Bagel auch Anteile an dessen Düsseldorfer Tochterfirma, dem Patmos Verlag, die ab 1988 von der Cornelsen Verlagsholding auf 75 Prozent aufgestockt wurden. Sein spezifisches Profil bezieht Patmos über die Entwicklung von Theologica, erfolgreichen katholischen Schulbüchern, aber auch durch ein interessantes Kinderbuch-Programm, dessen Titel jeweils mit entsprechenden Tonträgern (MCs und CDs) korrespondierten. Zu Patmos gehören inzwischen auch die Schweizer Verlage Walter, Benziger sowie seit 1995 Artemis & Winkler.

Dieser kurze Überblick über die im Verlauf der achtziger Jahre vollzogenen Programmentwicklungen und Verlagsübernahmen führt deutlich vor Augen, welch immensen Wachstumsschub die Cornelsen-Verlagsgruppe innerhalb einer einzigen Dekade zu verzeichnen hatte. Noch zu Beginn des Jahrzehnts stand man vor der Entscheidung, entweder weiterhin ein Spezialverlag zu bleiben, der sein Engagement hauptsächlich auf die Entwicklung englischsprachiger Lehrwerke konzentriert, oder eben zu expandieren, das heißt: eigenständig neue Programmbereiche zu erschließen und Programme durch Zukäufe anderer Verlage zu arrondieren. Bereits in den siebziger Jahren wurden durch die Gründung und den kontinuierlichen Aufbau einzelner Fachredaktionen die Weichen für eine stetige Erweiterung gestellt. Die Redaktionen in Heidelberg (Biologie), München (Deutsch und Geschichte) oder in Berlin signalisieren über die inhaltliche Kompetenzerweiterung hinaus die Absicht, eine systematische Komplettierung der Angebotspalette insgesamt in die Wege zu leiten. Eine Tendenz, die durch zielgerichtete Ankäufe unterstützt und sinnvoll ergänzt wurde.

Was jedoch für die interne strukturelle Verfassung der Verlagsgruppe einen logischen, notwendigen und stufenweisen Expansionsprozeß bedeutete, drohte aus der Außenperspektive immer schwerer nachvollziehbar zu werden. Hatte man es nach der Übernahme von Velhagen & Klasing im Jahr 1954 bereits mit drei Verlagsnamen zu tun, so stiftete das Hinzukommen immer weiterer Firmennamen in den achtziger Jahren doch eher Verwirrung, als das es zur Profilierung der Verlagsgruppe gegenüber ihrer Zielgruppe hätte beitragen können. Zwar war das Kürzel CVK inzwischen fest eingeführt; die Häufung neuer Namen allerdings, die nun unter dem Dach der Cornelsen-Gruppe als selbständige Tochterunternehmen auftraten, war mit der Zeit kaum mehr zu vermitteln. Mehr noch: Sie stellte ein handfestes Marketing-Problem dar.

Um diesen Schwierigkeiten entgegenzuwirken, entschloß man sich schließlich zu einer Rückführung des Firmennamens auf seinen Urheber Franz Cornelsen. Eine Maßnahme, die neben der besseren Übersichtlichkeit auch der Identifizierung des Verlages mit seinem Gründer entgegenkam. Mit Rücksicht auf ein eindeutiges äußeres Erscheinungsbild wurde zum 1. Januar 1988 das neue, unter Mitwirkung Hans-Herbert Kannegießers von Knut Waisznor gestaltete Logo des Cornelsen Verlages eingeführt, nachdem man andere Vorschläge namhafter Graphiker kritisch geprüft und verworfen hatte. Wie bereits am Beispiel des Scriptor Verlags angedeutet, brachte Waisznor in graphischer Hinsicht das Verhältnis von Haupt- und Tochterunternehmen durch den Namen des jeweiligen Verlages unter dem Schriftzug Cornelsen zum Ausdruck, dessen großes C zugleich als Klammer zwischen Mutter- und Tochterverlag gedeutet werden konnte. Mit der Aufgabe der Abkürzung CVK als Verlagsname verschwand gleichzeitig der letzte noch verbliebene Hinweis auf den Verlag Velhagen & Klasing im Signet der Verlagsgruppe. Das traditionsreiche Bielefelder Unternehmen, das 1985 sein 150jähriges Gründungsjubiläum feiern konnte, war nun schließlich auch namentlich im Cornelsen Verlag aufgegangen.

Daß die notwendige Veränderung im Erscheinungsbild der Verlagsgruppe von innen wie von außen verstanden und durchweg positiv kommentiert wurde, war nur wenige Monate später dem Jahresbericht 1988 zu entnehmen. Die Namensänderung, die sich bereits auf Katalogen, Prospekten und Briefbögen dokumentierte, sei »das wichtigste Ereignis« dieses Jahres gewesen. »Der Name Cornelsen in allen Firmen und der neue Schriftzug auf allen ab 1988 erschienenen Büchern und Produkten des Hauses ist sowohl von seiten des Marktes als auch – was ebenso wichtig ist – von allen Mitarbeiterinnen und Mitarbeitern sowie von den Autoren als etwas völlig Selbstverständliches aufgenommen worden.«

Die Jahre 1985 bis 1987 waren von einer grundlegenden Neuorganisation der Cornelsen-Gruppe als Familienunternehmen geprägt. Die Voraussetzungen hierfür waren im Prinzip schon mit der Errichtung der Franz Cornelsen Stiftung im Jahr 1968 geschaffen worden, die als Familienstiftung bürgerlichen Rechts die instrumentellen Rahmenbedingungen für eine langfristige, von familiären Unwägbarkeiten entbundene Planung darstellte. Aufgrund des stetig anwachsenden Kapitals in dieser Stiftung wurde Cornelsen überhaupt erst in die Lage versetzt, seine Programme auszubauen, durch die Übernahme anderer Verlage zu arrondieren und damit insgesamt jenen Prozeß der

Während des Festaktes zum 150jährigen Bestehen von Velhagen & Klasing, in der ersten Reihe u.a. Ruth und Franz Cornelsen, Hans-Joachim Olms und Hans-Joachim Lemke

stetigen Expansion einzuleiten, dessen Höhepunkt in die achtziger Jahre fiel. Sowohl die Franz Cornelsen Stiftung Berlin als auch die Hildegard Cornelsen Stiftung in Bielefeld haben, so der Verleger in der Rückschau, »finanziell erfolgreich gearbeitet und so zum gesunden Überleben der Gruppe in schwierigen Jahren beitragen können. Das gilt auch für die Zukunft«.

Die 1986 vollzogene Reorganisation der Franz Cornelsen Stiftung, die mittlerweile zu einer der finanziell bedeutendsten Familienstiftungen in West-Berlin geworden war, basierte auf einer modifizierten Nachfolgeregelung für das Amt des Stiftungsvorstandes: 1984 hatte Franz Cornelsen ein zweites Mal geheiratet. Seine Ehefrau Ruth Cornelsen sollte nach dem Ausscheiden des Stiftungsgründers alleiniger Vorstand der Franz Cornelsen Stiftung werden. Vor allem durch die intensiven, »nie abreißenden Gespräche« mit ihrem Mann hatte sich Ruth Cornelsen über Jahre hinweg mit den spezifischen Problemstellungen der Verlagsgruppe vertraut machen können. »Dabei zeigte sich zunehmend deutlich«, so der Verleger in einer internen Stellungnahme zur Zukunft der Franz Cornelsen Stiftung, »daß sie die Voraussetzungen für die ihr zugedachten Aufgaben mitbringt.« Eine entsprechende Satzungsänderung wurde im Oktober 1986 verabschiedet.

Ein zweiter wichtiger Schritt zur Neuordnung der Cornelsen-Gruppe bestand 1986 auch in der Gründung der Cornelsen

Verlagsholding. Sie wurde als Dachorganisation unterhalb der Franz Cornelsen Stiftung angelegt, der neben der Druckerei in Berlin-Tegel alle in der Cornelsen-Gruppe organisierten Verlage und Redaktionen in Düsseldorf, Frankfurt, Heidelberg und München angehören. Die übergeordnete unternehmerische Verantwortung für sämtliche Firmen der Gruppe liegt seitdem in Händen der Holding, als deren Geschäftsführer zunächst Franz und Ruth Cornelsen sowie Manfred Lösing tätig waren. Seit dem Tod von Franz Cornelsen im Jahr 1989 liegt die Geschäftsführung der Verlagsholding bei Ruth Cornelsen und Manfred Lösing, der bis Ende 1994 außerdem die Verantwortung für die kaufmännischen Bereiche der Verlagsgruppe innehatte.

Der Grundgedanke, der nach reiflicher Überlegung zur Gründung einer Verlagsholding führte, bestand darin, die Stiftung von ihrer unmittelbaren Verantwortung für die Gruppe zu entlasten. Die Verlagsholding wurde als organisatorisches Bindeglied zwischen der Stiftung – als Eigentümerin der Verlagsgruppe – und den Berliner Unternehmen nebst auswärtigen Tochtergesellschaften etabliert. Ihre Aufgabe besteht in der unternehmerischen und organisatorischen Verwaltung der groß gewordenen Gruppe; ihre Intention liegt in der Öffnung nach außen, die eine Familienstiftung nicht in vergleichbarer Form vollziehen kann.

Den Tochterunternehmen der Cornelsen-Gruppe fiel schließlich im Rahmen der Neuorganisation eine noch stärkere Individual-Verantwortung zu als bisher. Auf diesem Wege konnte etwa die personelle Struktur sämtlicher Redaktionen sowie der Herstellungsabteilungen weiter optimiert werden. Auch im Vertriebsbereich waren deutliche Fortschritte zu verzeichnen. Das Anfang 1986 mit der Gründung der Cornelsen Verlagsholding eingeführte präzisere Berichtswesen wurde in der Folgezeit immer weiter verbessert, was eine größere betriebswirtschaftliche Transparenz zur Folge hatte. Zumal bei einer Verlagsgruppe, die auf verschiedene Standorte verteilt war, erschienen solche Maßnahmen, die allesamt auf eine optimale Koordination im Sinne der übergeordneten Unternehmensziele aus waren, unabdingbar. »Ohne ein wohlorganisiertes Berichtswesen«, heißt es resümierend im Jahresbericht 1988, »ist die zielbewußte Führung der Gesamtgruppe aufgrund ihrer Dezentralisierung unmöglich.«

Da jedes moderne Unternehmen auf eine regelmäßige Überprüfung seiner strategischen Führungs- und Steuerungsmaßnahmen angewiesen ist, wurde Mitte der achtziger Jahre auch die Controlling-Abteilung des Cornelsen Verlags erneuert und den übrigen Modifikationen angeglichen. Dabei brauchten schon die bisherigen Verhältnisse kaum einen Vergleich zu scheuen: Cornelsen dürfte einer der wenigen Verlage gewesen sein, die nicht nur die technischen, sondern auch die Personalkosten für Einzelplanungen differenziert abzurechnen vermochten. Bereits in den sechziger Jahren verfügte man über ein ausgefeiltes Betriebsabrechnungssystem speziell für den Entwicklungsbereich, das um 1985 noch einmal überholt und ausgebaut wurde. Zehn Jahre später, als sämtliche Tochterfirmen unter ein Dach zusammengeführt wurden, stehen durch die logistischen Verschiebungen strukturelle Änderungen in den sensiblen und überaus wichtigen Bereichen Controlling und Berichtswesen an.

Es liegt auf der Hand, daß eine derart umfassende Expansion und Gesichtsveränderung, wie sie Cornelsen im Verlauf der achtziger Jahre vollzogen hatte, auch Aktivitäten auf den übrigen Feldern verlegerischen Handelns nach sich zog. So wurde zwischen 1985 und 1987 etwa die Cornelsen-Druckerei in Berlin-Tegel, mittlerweile ohnehin die größte und modernste Offset-Bogen-Druckerei für Bücher in West-Berlin, erneut ausgebaut und gründlich modernisiert. Innerhalb von zwei Jahren wurden vier neue Vierfarb-Druckmaschinen aufgestellt, um die vorhandenen Ressourcen noch besser ausnutzen zu können. Daß das komplette Produktionsvolumen der Cornelsen-Gruppe nicht allein von Tegel aus zu bewältigen war, stand dabei außer Frage. Sowohl vor als auch nach der Modernisierung wurden Teile der Produktion an andere Druckereien vergeben. In Bielefeld schließlich wurde im Jahr 1986 die Auslieferungskapazität des Verlagskontors durch den Bau eines zweiten Hochregallagers verdoppelt. Statt der bisherigen 10 Millionen konnten nun mehr als 20 Millionen Bände pro Jahr von Bielefeld aus in Umlauf gebracht werden.

Vergleicht man die allgemeine Entwicklung des Schulbuchmarktes in jenen Jahren mit den beeindruckenden Expansionsschüben des Cornelsen Verlags, so scheint sich auf den ersten Blick ein Widerspruch zwischen der nach wie vor krisenhaften Gesamtsituation und der Erfolgsquote eines einzelnen Verlagshauses aufzutun. Erst bei näherer Betrachtung erschließt sich der Sinn dieses nur scheinbar antizyklischen Verhaltens: Cornelsen hatte, vor die Alternative gestellt, entweder spezialisiert und überschaubar zu bleiben oder zu expandieren, eine Wachstumsspirale in Gang gesetzt, bei der ein Schritt beinahe zwingend den folgenden nach sich zog. Wie bei einem Dominospiel löste die erste, kaum mehr zu datierende Entscheidung eine bis heute anhaltende Serie von Kettenreaktionen aus, wobei freilich hinzugefügt werden muß, daß der erste Stein aus freien Stücken angestoßen wurde. Franz Cornelsen war zu der Entscheidung gelangt, sein Unternehmen in eine neue Ära zu überführen, die mit den Gründerjahren zumindest in struktureller Hinsicht kaum noch etwas gemein haben würde. Standen in den ersten Jahrzehnten die passionierten Schulbuchmacher im Mittelpunkt, so haben wir es spätestens seit den achtziger Jahren mit einem modernen, im Kontext dynamischer Märkte operierenden Verlag zu tun. Wo früher Generalisten am Werke waren, dominieren heute zunehmend Spezialisten das Geschehen. Für die vorliegende Verlagschronik heißt das: Aus der Unternehmergeschichte – der Erzählung eines Mannes mit einer Vision – ist zusehens eine Unternehmensgeschichte geworden.

1987 übernahm Fritz von Bernuth, der ein Jahr zuvor in das Unternehmen eingetreten war, als Nachfolger Götz Manths die Geschäftsführung für den Bereich moderne Fremdsprachen. Franz Cornelsen stimmte diese Einstellung überaus zuversichtlich, verkörpert von Bernuth doch aufgrund seiner Persönlichkeit und umfassenden beruflichen Prägung in gewisser Hinsicht jenen Generalistentypus, der den Verlag geprägt hatte und dessen Ablösung durch die nächste Generation wir konstatiert haben. Seinen vielseitigen Fähigkeiten entsprechend, hat sich von Bernuths Verantwortungsbereich in der Geschäftsführung im Verlauf der Jahre stetig erweitert, obgleich seine Schwerpunkte nach wie vor bei den modernen Fremdsprachen liegen.

Doch zurück zur Abfolge der Ereignisse. Auch das Jahr 1987 war von Faktoren bestimmt, die sich schon seit mehreren Jahren auf die gesamte Branche auswirkten: Die Zahl der Schüler ging weiter zurück, wenn auch mit 2,9 Prozent nicht mehr so drastisch wie in den vergangenen Jahren. Bei den Grundschülern konnte sogar ein leichter Zuwachs festgestellt werden. »Trotz dieser positiven Anzeichen«, heißt es im Cornelsen-Geschäftsbericht dieses Jahres, »ist der Tiefstand bei den Schülergesamtzahlen noch nicht ganz erreicht. Erst ab 1990 wird sich die Zahl der Schüler an allgemeinbildenden Schulen insgesamt zumindest für einige Jahre auf einem etwas höheren Niveau stabilisieren.« Da auch das von Franz Cornelsen leidenschaftlich beklagte »Fotokopierunwesen« nach wie vor nicht verhindert werden konnte, hatte es die Verlagsgruppe noch immer mit jenen Schwierigkeiten zu tun, die aus der allgemeinen Krise der Schulbuchverlage resultierten. Die Problemstellungen blieben die gleichen. Lösungen hingegen vermochte selbst der engagierteste Verleger nicht herbeizuführen. Sie entzogen sich seinem Einflußbereich.

Im Jahr 1988 gründete Cornelsen gemeinsam mit dem Metzler Verlag in Stuttgart und einem Schweizer Spezialverlag den in Duisburg angesiedelten CoMet Verlag für Unterrichtssoftware GmbH & Co. Die Ressourcen von drei renommierten Unternehmen sollten zugunsten eines Vorhabens gebündelt werden, das auf eine stärkere Akzentuierung computergestützter Unterrichtsprogramme ausgerichtet war. Die Möglichkeiten, die die neuen Technologien bereithielten, seien, so die Beteiligten, deutlicher als bisher zugunsten zeitgemäßer Vermittlungskonzepte und Lehrpläne nutzbar zu machen. Cornelsen hielt zunächst 48 Prozent der Unternehmensanteile. Nach dem Ausscheiden der anderen Gesellschafter und der Verlegung des Firmensitzes nach Berlin 1994 änderte CoMet seinen Namen in Cornelsen Software und firmiert seit Anfang 1995 wie Cornelsen-Scriptor als unmittelbare Tochtergesellschaft des Cornelsen Verlags. Beide sollen jedoch im Sinne eines Profitcenters weitgehend selbständig mit voller Verantwortung für den jeweiligen Marketing-Bereich weitergeführt werden.

Ehe die vorliegende Chronik ihre zentrale Figur und, was viel schwerer wiegt, der Cornelsen Verlag seinen geistigen Urheber

Regina Köppen freut sich mit ihrem Chef über die Verleihung der Professorenwürde

und wichtigsten Impulsgeber verliert, sind noch zwei Ehrungen zu verzeichnen, von denen zu diesem Zeitpunkt niemand wissen konnte, daß es die letzten im Leben des Verlagsgründers sein würden: 1987 verlieh das Land Berlin Franz Cornelsen für seine »Verdienste um die Wissenschaft« im Rathaus Schöneberg die Würde eines Professors e.h. Am 22. Juli 1988 feierten der Verleger und seine Familie, zu der seit der Eheschließung mit Ruth Cornelsen auch seine Adoptivtochter Andrea zählte, auf Schloß Elmau seinen 80. Geburtstag. Nur wenig später, am 17. August 1988, verlieh die Freie Universität Berlin dem Jubilar die Ehrendoktorwürde. Der Fachbereich »Neuere Fremdsprachliche Philologie« hatte beschlossen, Franz Cornelsen anläßlich seines Geburtstages für seine dauerhaften Verdienste um die Förderung der Didaktik der neueren Sprachen mit dem Titel eines »Dr. phil. honoris causa« auszuzeichnen.

Am 31. Oktober 1989 verstarb Franz Cornelsen nach sehr kurzer, schwerer Krankheit im Alter von 81 Jahren in Berlin. Er hatte ein erfülltes, erfolgreiches und gewiß auch glückliches Leben hinter sich. Dennoch, oder vielleicht gerade deswegen, verursachte sein Tod eine so tiefe Betroffenheit bei allen, die ihm näher standen. »Die Lücke«, schrieb seine Ehefrau Ruth Cornelsen, »die durch seinen Tod entstand, ist nicht zu schließen. Wir können nur in seinem Sinne unseren Teil zur Fortsetzung seines Lebenswerkes beitragen.«

Franz Cornelsen hat ein Lebenswerk hinterlassen, das nun ohne ihn weitergeführt werden muß. Und er hat Maßstäbe gesetzt, an denen sich die Lebenden zu orientieren haben. »Er war einer der erfolgreichsten Verleger nach dem Krieg«, schrieben die Mitarbeiter der Verlagsgruppe, die seinen Namen trägt. »Er war Anwalt der Lernenden und Diener der Schulen. Er war eine der großen Unternehmerpersönlichkeiten unserer Zeit. Er liebte die Menschen und sorgte sich um die Umwelt. Er förderte die Wissenschaft und deren Verbindung zur Praxis. (...) Wir haben Franz Cornelsen viel zu verdanken, und wir werden die Erinnerung an ihn als Leitbild in uns wachhalten.«

»Unsere Zukunft hat bereits begonnen.«

DER CORNELSEN VERLAG IN DER NACHWENDEZEIT 1990–1996

Nur wenige Tage nach dem Tod des Verlagsgründers Franz Cornelsen am 31. Oktober 1989 fiel die Berliner Mauer. Er selbst hat weder das historische Ereignis noch die Konsequenzen, die im bisherigen Verlauf der neunziger Jahre daraus resultierten, miterleben können. Die Zeitrechnung, die mit dem Ende des Zweiten Weltkriegs begann und die zugleich die politisch-geographische Rahmenhandlung für die Geschichte des Cornelsen Verlags von seiner Gründung bis ins Jahr 1989 darstellte, war beinahe über Nacht beendet worden. Nun begann ein neues Kapitel, sowohl für Deutschland insgesamt als auch für die Stadt Berlin. Die ehemalige »Frontstadt des Kalten Krieges« erhielt im Zuge der geschichtlichen Veränderungen eine neue Funktionsbestimmung, in die sie erst langsam hineinwachsen muß. Berlin liegt nun nicht mehr als marktferne, unter künstlichen Bedingungen am Leben erhaltene Dependance der alten Bundesrepublik im Osten, sondern als wiedervereinte deutsche Hauptstadt mitten in Europa. Führt man sich das unermüdliche Engagement vor Augen, mit dem sich der Verleger und Stifter Franz Cornelsen zugunsten dieses Standortes eingesetzt hat, so ist leicht einzusehen, daß seine Stimme auch und gerade in der so schwierigen und friktionsreichen Nachwendezeit Gehör gefunden hätte. Sein integrativer, am gegenseitigen Verstehen orientierter Ansatz erscheint heute, da die unterschiedlichen Mentalitäten auf nahezu allen Ebenen aufeinanderprallen, aktueller denn je.

Wie für Berlin war auch für den Cornelsen Verlag die erste Hälfte der neunziger Jahre von der intensiven Auseinandersetzung mit den neuen gesellschaftlichen und sozialen Gegebenheiten geprägt: von der Erschließung der Absatzmärkte in den neuen Ländern sowie von der Übernahme des Ost-Berliner Schulbuchverlags Volk&Wissen, der als Monopolist die gesamte DDR mit Schulbüchern versorgt hatte. Beides soll im Rahmen dieses abschließenden Kapitels dargestellt und kommentiert werden. Zuvor jedoch steht eine ebenso umfassende und komplexe wie folgenreiche Veränderung in der Struktur der Verlagsgruppe im Mittelpunkt: die Umsiedlung des Bielefelder

Bereichs Marketing und Vertrieb sowie die Zusammenführung des Hirschgraben Verlags, Frankfurt / M., und des Düsseldorfer Schwann-Girardet Verlags mit dem Cornelsen Verlag in Berlin.

Schon in den achtziger Jahren war es zu ersten Überlegungen gekommen, den bis dahin in Bielefeld angesiedelten Bereich Marketing und Vertrieb nach Berlin zu verlegen. Denn für ein Unternehmen in der Größenordnung des Cornelsen Verlags war die Trennung dieses so wichtigen Bereiches vom Verlag durchaus ungewöhnlich und nicht unproblematisch. Andererseits jedoch mochte Franz Cornelsen die Eigenständigkeit des Bielefelder Unternehmens nicht aufgeben. Seine Sorge in bezug auf eine Schwächung dieses Standortes rührte vor allem daher, daß er im Verlauf der Berlin-Blockade gegen Ende der vierziger Jahre die geographischen Nachteile der abgeschotteten Inselstadt Berlin erfahren hatte. Damals war man froh, über ein eigenständiges Unternehmen in Westdeutschland zu verfügen, und auch in Zukunft wollte man Gefährdungen dieser Art nach Möglichkeit ausschließen.

Ebenfalls gegen Ende der achtziger Jahre zeigte sich immer deutlicher, daß das idyllische, im Frankfurter Westend gelegene Domizil des Hirschgraben Verlags den räumlichen Anforderungen nicht mehr genügte. Franz Cornelsen erwog zu bauen und hatte diesbezüglich bereits Kontakte zu den zuständigen Frankfurter Behörden aufgenommen. Gleichzeitig stellte man sich jedoch die Frage, ob die unbefriedigende Ist-Situation nicht zum Wohle einer grundsätzlich verbesserten Kommunikation genutzt werden sollte. Die vagen Planspiele tendierten damals in Richtung einer Zusammenführung der Frankfurter und Düsseldorfer Verlage in Nordrhein-Westfalen, da dieses Bundesland als Absatzmarkt einen besonderen Stellenwert hat, der durch einen Ausbau der dortigen Unternehmenszweige noch stärker hätte akzentuiert werden können.

Mit den politischen und geographischen Veränderungen, die mit der »Wende« einsetzten und die bisherige Situation von Grund auf revidierten, wurden diese Überlegungen hinfällig. So entschloß man sich im Jahr 1991 nach sorgsamem Abwägen der zu erwartenden Risiken, die Zusammenführung in die Tat umzusetzen. Mitte November 1991 wurden die Tochterverlage in Frankfurt und Düsseldorf wie auch die Mitarbeiter in Berlin gleichzeitig über die bevorstehende Umsiedlung in Kenntnis gesetzt. »Die derzeitige Standortstreuung der Verlagsgruppe hat sich aus den Übernahmen von Hirschgraben in Frankfurt, Girardet in Essen und Schwann in Düsseldorf rein zufällig ergeben«, konstatierte Ruth Cornelsen zur Motivation der aufwendigen Umzugsmaßnahmen. »Lediglich der Gründungsstandort Berlin und der Vertriebs- und Auslieferungsstandort Bielefeld waren geplant und bewußt gewählt. Der Inselstatus der Stadt erlaubte bisher keine Zusammenführung vor Ort. Erst die Öffnung der Mauer gab uns die Chance, mehr Nähe zu realisieren. Zudem zwingt uns der Abbau und künftige Wegfall der Berlin-Präferenzen noch stärker zu kostenbewußtem Denken, kostensparenden Maßnahmen, also insgesamt zur Straffung und Organisationsverbesserung. Das heißt: doppelte und dreifache Haushaltsführung sowie das ständige, nur unzulänglich mögliche Überwinden der räumlichen Distanz sind kostspielig. Mittelfristige Kosteneinsparung bedeutet Zukunftssicherung der Arbeitsplätze.«

So war die Zusammenführung der Verlagsgruppe und des Marketingbereichs unter ein gemeinsames Dach nur die logische, rein pragmatische Konsequenz aus den neuen Gegebenheiten. Davon abgesehen ist ein derart aufwendiger Umzug natürlich eine kostenintensive Angelegenheit, die Cornelsen aufgrund der steigenden Umsatzentwicklung zu diesem Zeitpunkt zu finanzieren imstande war. Die angestrebte Konzentration sollte jetzt, möglichst bald nach der Wende, in die Wege geleitet werden, da die Voraussetzungen – nicht zuletzt auch aufgrund der Altersstruktur der Geschäftsführer und der umzugswilligen Mitarbeiter – denkbar günstig erschienen. Sie alle waren von der Richtigkeit der Verlagskonzentration in Berlin überzeugt. Viele der von dem Umzug Betroffenen brachten, nicht zuletzt aufgrund ihres Lebensalters, die innere Bereitschaft mit, ihren vertrauten Arbeitsplatz gegen ein bis dahin unbekanntes Umfeld einzutauschen. Vor allem für das Bielefelder Unternehmen, dessen Bereich Marketing und Vertrieb ja bis zu diesem Zeitpunkt als eigenständiger Dienstleister tätig war, bedeutete die Integration in das Stammhaus eine besondere Umstellung.

Obwohl die Notwendigkeit des Umzugs den aufbruchbereiten Mitarbeitern einleuchtete, kam er einem schmerzlichen persönlichen Loslösungsprozeß gleich. Alle sahen jedoch ein, daß eine räumliche Konzentration für die langfristige Existenzsicherung der Verlagsgruppe unabdingbar war. Persönliche Bedenken oder Vorbehalte wurden von vielen zugunsten der Gesamtentwicklung zurückgestellt. Ohne diese grundsätzliche Bereitschaft seitens der Geschäftsführung, der Mitarbeiterinnen und Mitarbeiter, dies kann im nachhinein festgehalten werden, hätte der Umzug gewiß größere Komplikationen mit sich gebracht.

In einem Grußwort anläßlich einer Abteilungsleiterkonferenz im November 1991 wies Ruth Cornelsen noch eimal ausdrücklich auf den Stellenwert hin, der im Rahmen der allgemeinen Verlegungsmaßnahmen der Akzeptanz durch die Mitarbeiter und Geschäftsführer der Tochterverlage zukam. »Berlin verspricht auf Dauer eine attraktive Lebensqualität. Die unbestreitbaren Reize dieser Stadt sind peripher schnell einzusehen. Wichtig ist aber, daß Sie und Ihre Familien den Standortwechsel akzeptieren können und sich hier wohl fühlen. Das ist zum einen mit Sicherheit eine Frage der Mentalität, aber ganz wesentlich auch eine Frage des persönlichen Umfeldes. Dieses zu finden geht nicht ohne Eigeninitiative. Aber es ist uns klar, daß es auch unserer aktiven Hilfestellung bedarf. Seien Sie, die Sie zum Aufbruch bereit sind – ›betroffen‹ mag ich nicht sagen, weil dieses Wort nach einem Schicksalsschlag klingt, und das ist es nun ganz gewiß nicht –, seien Sie also sicher, daß wir Ihnen den Neubeginn hier in Berlin, soweit es uns möglich ist, hilfreich ebnen wollen.«

So ging in der Folgezeit die räumliche Konzentration der Tochterunternehmen im Berliner Cornelsen-Haus mit der Suche nach geeigneten Wohnungen, Büroräumen und Grundstükken für die bis dato auswärtigen Mitarbeiter einher. Da die neuen Unterkünfte in einer vertretbaren Entfernung zum Verlagsgebäude in der Mecklenburgischen Straße liegen sollten, stellte dies kein ganz einfach zu lösendes Problem dar. Der Wohnungsmarkt in Berlin war nicht eben vielversprechend. Cornelsen mußte sich daher zum Bau einer Reihe von Häusern entschließen, die genügend Wohnraum bereithielten, um langfristig Abhilfe zu schaffen. Bereits zwei Jahre später konnte die Zusammenführung der Verlagsgruppe insgesamt als gelungen bezeichnet werden. Am 1. Januar 1993 begann die gemeinsame Arbeit unter dem Dach des Cornelsen-Hauses. Im Frühsommer zog Ruth Cornelsen im Rahmen der ersten gemeinsamen Abteilungsleiterkonferenz eine überaus positive Bilanz: »Vor zwei Jahren stand uns das Ereignis mit so vielen Unwägbarkeiten und unvermeidbaren Turbulenzen im wahrsten Sinne des Wortes noch bevor. Jetzt hat unsere Zukunft bereits begonnen! Zügig, aber ohne jede Euphorie haben wir den Weg zu mehr Gemeinsamkeit sorgfältig geplant und vorbereitet. Und mit der gleichen Grundhaltung werden wir auch in die neuen Strukturen hineinwachsen.«

Es war im Grunde nur eine Frage der Zeit, bis auch das Cornelsen-Haus selbst den veränderten Anforderungen durch An- und Umbaumaßnahmen Rechnung zu tragen hatte. Ehemalige Schulungsräume mußten aufgrund der höheren Personalauslastung umgestaltet, die Bibliothek sogar vorübergehend ganz aufgegeben werden. Ende 1993 erhielt der gesamte Komplex durch den Neubau eines Gebäudeflügels im Garten eine modifizierte Struktur. Gemessen an den Ergebnissen jedoch, schien der enorme Aufwand jederzeit gerechtfertigt: Der Cornelsen Verlag hat sich durch die systematische Zusammenführung und Bündelung seiner ehemals verstreuten Ressourcen zu einer zeitgemäßen »Ideen-Werkstatt« für das Bildungswesen entwickelt. Und auch der Ausbildung einer gemeinsamen Corporate Identity kam der Umzug erkennbar entgegen. Die räumliche Nähe trägt zu einer Stärkung des Zusammengehörigkeitsgefühls bei; die deutlich verbesserten Kommunikationsmöglichkeiten können die zuvor beinahe zwangsläufig auftretenden Reibungsverluste zwischen den einzelnen Verlagssegmenten und dem Marketingbereich spürbar verringern.

Seit der Zusammenführung sämtlicher Verlage der Cornelsen-Gruppe unter ein Dach wurde überdies bei Neuerscheinungen darauf verzichtet, die Ursprungsnamen der jeweiligen Verlage gesondert aufzuführen. Abgesehen vom Volk und Wissen Verlag (VWV) und Cornelsen-Scriptor tritt die Verlagsgruppe nurmehr unter dem Namen Cornelsen in Erscheinung. Eine notwendige gestalterische Maßnahme, die aus der Außensicht ebenfalls zu einer Klärung des Verlagsprofils beigetragen hat, indem sie die Einheitlichkeit des Auftretens in den Vordergrund stellt.

Parallel zu seiner erfolgreichen Unternehmenskonzentration, die insgesamt natürlich eine stärkere Konturierung des Verlagsstandortes Berlin zur Folge hatte, begann Cornelsen zu Beginn der neunziger Jahre mit einer kontinuierlichen Markterschließung in den neuen Bundesländern. Wie viele andere westdeutsche Verlage versuchte man nun auch im Osten des wiedervereinten Landes Fuß zu fassen – unter anderem durch die Einrichtung von Informationszentren in Dresden, Erfurt, Leipzig, Magdeburg und Rostock, die heute gemeinsam mit dem Volk und Wissen Verlag betrieben werden. Auch das Ber-

Volk und Wissen Verlag in der Lindenstraße

liner Informationszentrum wurde vom Cornelsen-Haus in die Lützowstraße im Bezirk Tiergarten, näher also an den historischen Stadtkern, verlegt. Bundesweit unterhält der Verlag heute dreizehn Informationszentren, ein weiteres befindet sich in Olten in der Schweiz. Darüber hinaus wurden die Vertriebsgebiete des Cornelsen Verlags neu aufgeteilt: Neben den bisherigen kamen die neuen Länder als wichtiges Vertriebsgebiet hinzu.

Dieser Schritt beruhte auf zwei handfesten unternehmerischen Beweggründen: Zum einen befand sich der westdeutsche Schulbuchmarkt seit Jahren in einer statischen und beinahe

Glückwünsche von Fritz von Bernuth für Manfred Lösing zu dessen 60. Geburtstag und …

… »ein Gruppenbild mit Dame«, die Geschäftsleitung 1991, v. l.: Werner Thiele, Jürgen Peter, Ruth Cornelsen, Manfred Lösing, Hans-Joachim Olms, Alfred Grüner, Hans Jäh, Fritz von Bernuth

zementierten Verfassung. Um die eigene Marktposition zu verbessern, hatte man bis dahin eigentlich nur die Chance, den jeweiligen Mitbewerbern Anteile streitig zu machen. Im Grunde jedoch war der Markt gesättigt, und somit waren die Verhältnisse geklärt. Durch die Öffnung eines für die westdeutschen Verlage bisher vollkommen unzugänglichen Absatzmarktes kam nun eine Bewegung in Gang, die die unternehmerische Kreativität herausforderte und auf die Probe stellte.

Der zweite Grund für ein Engagement in den neuen Bundesländern betraf die Programmentwicklung. Der neue Absatzmarkt war aus westlicher Perspektive vor allem deshalb interessant, weil aufgrund der nicht mehr aktuellen, ideologisch vorbelasteten Unterrichtsmaterialien völlig neue Lehrwerke für sämtliche Fächer angeboten werden mußten. Natürlich muß in diesem Zusammenhang angemerkt werden, daß diese Einschätzung der Lage von einem westlich geprägten Erfahrungshorizont abgeleitet ist. Nicht nur im Schulbuchbereich, sondern auf nahezu allen Gebieten der zusammenwachsenden Nation ist nach wie vor eine mehr oder weniger stark abweichende Bedürfnis- und Konsumhaltung zu beobachten, die in erster Linie auf jeweils unterschiedliche gesellschaftliche Prägungen in Ost und West zurückzuführen ist. Sowohl der unbefangene Umgang mit sogenannten West-Büchern als auch der mit westlichen Produkten im allgemeinen fällt – nach einer ersten Euphorie – im Osten Deutschlands aus nachvollziehbaren Gründen nicht immer leicht.

Das Engagement des Cornelsen Verlags bestand zunächst darin, einen Beitrag zur Grundversorgung mit Unterrichtsmaterialien in den neuen Ländern zu leisten. Darüber hinaus wurden Informations- und Fortbildungsprogramme für Lehrer gestartet, um auf behutsame Weise jene Kluft zu überbrücken, die sich in den vergangenen vierzig Jahren nicht nur zwischen den unterschiedlichen Mentalitäten, sondern auch bei pädagogischen, didaktisch-methodischen Auffassungen aufgetan hat, und somit – ganz im Sinne des von Franz Cornelsen formulierten Gründungsgedankens – einen Beitrag zur Verständigung zu leisten: diesmal jedoch zur besseren internen Verständigung einer lange getrennten Nation. Da insbesondere im Bereich Englisch Aufbauarbeit zu leisten war, unternahm ab 1990 vor allem Professor Hellmut Schwarz zahlreiche Vortragsreisen in die neuen Bundesländer, bei denen er mit der Passion eines Wanderpredigers wichtige Einführungen in die Englisch-Programme des Cornelsen Verlags geben und erste Grundkenntnisse vermitteln konnte. Seine Feldforschungen trugen maßgeblich dazu bei, daß der Englisch-Bereich für Cornelsen der wichtigste Umsatzfaktor in den neuen Ländern geworden ist.

Im März 1991 erwarb Cornelsen in Ausweitung seiner Aktivitäten in den neuen Bundesländern von der Berliner Treuhandanstalt alle Anteile des Ost-Berliner Volk und Wissen Verlags. Die Gesellschafteranteile wurden von der Franz Cornelsen Stiftung übernommen, damit wurde deutlich gemacht: Volk und Wissen sollte als eigenständiger Verlag mit eigenem Programm auch in der neuen Konstellation Profil entwickeln. Das Konzept sah vor, die wesentlichen Programmsegmente des in der Berliner Lindenstraße ansässigen Verlagshauses (Lehrwerke für die Grundschule sowie für die Bereiche Naturwissenschaften, Russisch und – zunächst nur partiell – auch Geisteswissenschaften) weiterzuentwickeln. Ausgegliedert in eigene Gesellschaften wurden die »Deutsche Lehrerzeitung« (DLZ) und der Pädagogische Zeitschriftenverlag (PZV).

Volk und Wissen, so das erklärte Ziel von Cornelsen, sollte den Neubeginn eigenständig – wenn auch unter dem Dach der Cornelsen-Gruppe – bewerkstelligen. Mehrere Konkurrenten hatten sich im Vorfeld um den nach einem neuen Partner suchenden Verlag bemüht – keiner von ihnen brachte jedoch die Courage auf, ihn als Ganzes zu übernehmen und eigenständig zu erhalten. So dürfte der Zuschlag durch die Treuhandanstalt bei den Mitarbeiterinnen und Mitarbeitern dieses Verlags einige Erleichterung ausgelöst haben. Auch der bei der Lehrerschaft bekannte und eingeführte Name »Volk und Wissen« wurde beibehalten. Das Interesse von Cornelsen bestand nach Aussage von Manfred Lösing im März 1991 vor allem darin, dem Ost-Berliner Verlag »eine reelle Chance zu geben. Volk und Wissen soll zunächst und in erster Linie auf dem für ihn angestammten Markt der neuen Bundesländer sein reduziertes Titelangebot in völlig überarbeiteter Form fortführen und ausbauen«.

»Für den Verlag wird ein außerordentlich bedeutsamer Entwicklungsschritt eingeleitet«, hieß es im April 1991 in einer Stellungnahme der Geschäftsführung von Volk und Wissen. »In den nächsten Tagen und Wochen werden mehr als 200 Titel für Schule und Unterricht erscheinen. Alle neuen Titel des Schulbuchprogramms zeichnen sich durch Aktualität und fachliche Kompetenz aus sowie vielfach durch ein neues gestalterisches Gesicht. Die festgesetzten Preise« – auch dies ein wichtiger Hinweis für den ostdeutschen Schulbuchmarkt – »berücksichtigen die angespannte Finanzlage der Kommunen, der Schulen und der Eltern.«

Zum 1. Januar 1995 erwarb Cornelsen nach relativ kurzen Verhandlungen den in Bochum ansässigen Ferdinand Kamp Verlag, der Ende 1995 auf VWV übergegangen ist. Es liegt nahe, daß dem Volk und Wissen Verlag durch diese Übernahme der Einstieg in den westdeutschen Schulbuchmarkt, vor allem im Grundschulbereich, erleichtert werden kann und damit ein gewichtiger Beitrag zu seiner dauerhaften Existenzsicherung zu leisten ist. Denn in den neuen Ländern macht sich mittlerweile der Rückgang der Schülerzahlen auf rund ein Drittel des ehemaligen Umfangs bemerkbar. Diese wesentlich kleineren Jahrgänge werden erstmals 1996 und 1997 eingeschult, so daß dem Verlag trotz seiner bisher erfreulichen Umsätze mittel- und langfristige Perspektiven gesichert werden müssen. Volk und Wissen strebt auch für die Zukunft eine Erweiterung seines angestammten Programmangebots durch Eigenentwicklungen an. So erscheint es sinnvoll, durch die Übernahme des Kamp Verlages eine Möglichkeit zur sinnvollen Arrondierung und zur Profilierung auch in den alten Bundesländern zu schaffen.

Nachdem Cornelsen-Software bereits zum 1. Januar 1994 nach Berlin umgesiedelt war, verlegte der Cornelsen-Scriptor Verlag Anfang 1996 seinen Firmensitz von Frankfurt/M. in die Hauptstadt. Mit diesem Schritt kommt ein Prozeß zu seinem logischen Abschluß, der im bisherigen Verlauf der neunziger Jahre zu einer neuen, zeitgemäßen Konturierung des Cornelsen Verlags im Kontext einer grundsätzlich veränderten Situation des nunmehr gesamtdeutschen Schulbuchmarktes geführt hat. Ohne die weitsichtige Einflußnahme von Franz Cornelsen hat die von ihm begründete Verlagsgruppe die Zeichen der Zeit verstanden und umsetzen können – seinen Intentionen gemäß, wie hinzugefügt werden darf. »Es wäre nicht im Sinne des Unternehmers und Stifters«, hatte Ruth Cornelsen schon 1991 geschrieben, »würden wir uns selbstzufrieden dem Gefühl der Sicherheit hingeben. Er würde von uns erwarten, daß wir alle gemeinsam – jeder in seinem Bereich – unsere Kraft dafür einsetzen, daß die Verlage auf Dauer ertragreich arbeiten.« Mit der Zusammenführung der über lange Jahre getrennten Tochterunternehmen in der alten und neuen deutschen Hauptstadt sowie mit der damit verknüpften Reorganisation der Verlagsgruppe hat der Cornelsen Verlag eine historisch wohl einmalige Chance wahrgenommen. Das Projekt kam sowohl für die Mitarbeiter als auch für den Verlag insgesamt einem Aufbruch zu neuen Ufern gleich. »Es gibt viele neue Aufgaben und Herausforderungen«, notierte Ruth Cornelsen im Verlauf dieser vorerst letzten Neuorientierungsphase. »Wenn wir sie gemeinsam neben der Bewältigung der Alltagsroutine anpacken, dann haben wir gute Voraussetzungen geschaffen, um positiv in die Zukunft zu sehen.«

Eine Auswahl aus
der Verlagsproduktion
1946–1996

1946–1955

PUTZGER
HISTORISCHER WELTATLAS
JUBILÄUMSAUSGABE
James B. Conant
Kinder Eltern Schule Staat
Die Verantwortung des Bürgers für die
THOMAS ELLWEIN · ANTON FINGERLE
VERNUNFT UND GLAUBE
EIN GESPRÄCH ÜBER DIE POLITISCHE ERZIEHUNG IN DER SCHULE
Gerhardt Kruse Steinkopf Stiegler
Natur und Technik 1
Ein Arbeitsbuch für Physik
Velhagen & Klasing
THOMAS ELLWEIN
was geschieht in der Volksschule?
Harald Gutschow
Englisch an Volksschulen
Cornelsen Verlag

1966–1975

Glaser
Programmiertes Lernen und Unterrichtstechnologie
Deutsche Ausgabe Flechsig · Schultze
ENGLISH G1
Dreimal um die Erde
Band 1
Edward M. Stack
Arbeitslehre
7.1. Wendetasche
Natur und Technik
Physik und Chemie 5/6
IRINA WEIGL VERGLEICHEN ORDNEN ZUORDNEN
Unsere Welt
Velhagen & Klasing · Schroedel
Natur und Technik 1
Arbeitslehre
ENGLISH
H1
Cornelsen

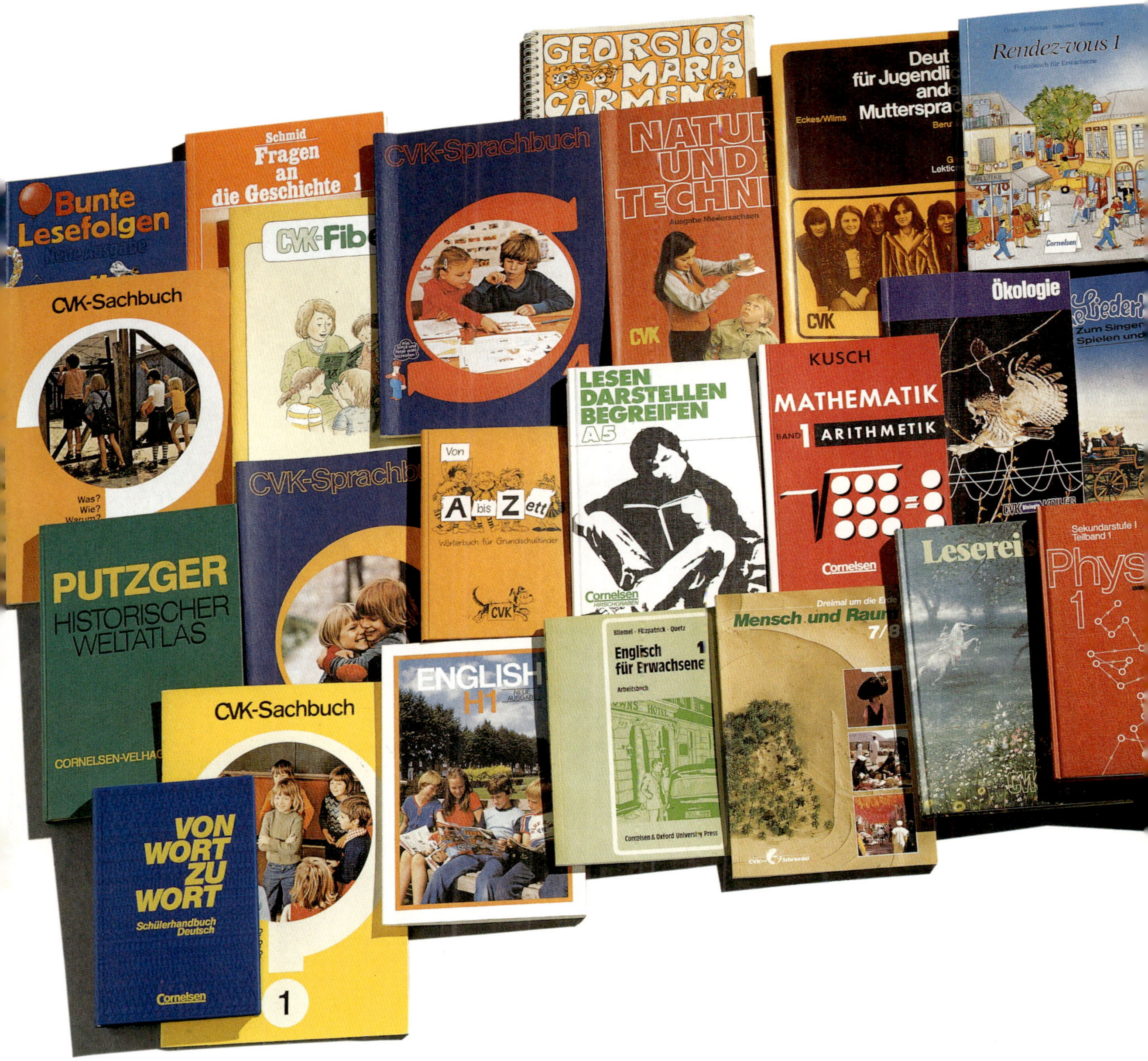
GEORGIOS MARIA CARMEN
Deut
für Jugendli
and
Mutterspra
Eckes/Wilms
Rendez-vous 1
Französisch für Erwachsene
Cornelsen
Schmid
Fragen an die Geschichte 1
CVK-Sprachbuch
NATUR UND TECHNI
Ausgabe Niedersachsen
CVK
Bunte Lesefolgen
Neue Ausgabe
CVK-Fibel
CVK-Sachbuch
Was?
Wie?
Warum?
Ökologie
Lieder
Zum Singen
Spielen und
KUSCH
MATHEMATIK
BAND 1 ARITHMETIK
Cornelsen
LESEN DARSTELLEN BEGREIFEN
A5
Cornelsen
HIRSCHGRABEN
Von
A bis Zett
Wörterbuch für Grundschulkinder
CVK
CVK-Sprachbuch
PUTZGER
HISTORISCHER WELTATLAS
CORNELSEN-VELHAG
Lesereis
Sekundarstufe I
Teilband 1
Phys
1
Dreimal um die Erde
Mensch und Raum
7/8
CVK-Schroedel
Bliemel · Fitzpatrick · Quetz
Englisch für Erwachsene 1
Arbeitsbuch
Cornelsen & Oxford University Press
ENGLISH
H1
NEUE AUSGABE
CVK-Sachbuch
1
VON WORT ZU WORT
Schülerhandbuch Deutsch
Cornelsen

1986–1996

ENCUENTROS 2
WIRTSCHAFTS-LEXIKON
Physik für Gymnasien
ENGLISH H3
Réalités 3
ÉTAPES
Humanbiologie
Lesereise 10
Mathemax 3
Politikbuch 1
PUTZGER HISTORISCHER WELTATLAS
Mathematik Grundschule
Die blaue Fibel
Freiräume
MATHEMATIK REAL 6
LESESCHATZ 3
Liederschatz
Menschen Zeiten Räume
Wirtschaft
ENTDECKUNGEN
Jo-Jo Lesebuch 4
CONTEXT
TECHNOLOGIE METALL
English G A6
Grundkurs Geschichte 12
ZAHLEN UND GRÖSSEN 7
Berufs- und Arbeitspädagogik für Ausbilder
Teisman/Birker Handbuch Praktische Betriebswirtschaft
Ethik
Bunte Lesefolgen
Das Hirschgraben Sprachbuch
Biologie 3
Texte und Zeiten
Mathematik 13.1
BESSER IN MATHEMATIK
Mensch und Raum 9/10
Entdecken und Verstehen
TEXTE, THEMEN UND STRUKTUREN GRUNDBAND DEUTSCH FÜR DIE OBERSTUFE
POLITIK
lesenswert
Jo-Jo Sprachbuch
Geschichte für morgen
A NEW START
LESESCHATZ 4
Geschichtsbuch 1
NATUR UND TECHNIK
Highlight 2
Mathematik Sekundarstufe II Wahrscheinlichkeitsrechnung und Statistik
SALVETE
BESSER IN ENGLISCH
Mathematik 5. Schuljahr
Fragen an die Geschichte 3
EINSICHTEN
ENTDECKUNGEN MACHEN 1
Lernstufen Mathematik 10
Themen und Probleme der Geschichte
Keep Going 2
ESSENTIAL ENGLISH
Wirtschaft 7/8
Zugänge zur Philosophie
GEO GRAPHIE 5
ZAHLEN UND GRÖSSEN 10
Biologie 5/6
LESEN DARSTELLEN BEGREIFEN A10
Geographie 5/6
KOOKY 2
Hilbert Meyer UnterrichtsMethoden
Gesagt-getan Deutsch
Analysis
Fachkunde für Arzthelferinnen
GESCHICHTE POLITIK UND GESELLSCHAFT 2
Konzepte Deutsch 1
Deutsch für berufliche Schulen
Lesen Darstellen Begreifen C5
KUSCH MATHEMATIK 1
WELTATLAS GROSSE AUSGABE
OXFORD Advanced Learner's DICTIONARY
TAKE OFF 1
Geschichtsbuch Oberstufe
Tobi-Fibel 1
Grundkurs Geschichte 13
Die Bäckerei
Deutschstunden Sprachbuch 6
OFFICE MATTERS
English Coach
Von A bis Zett
ULK

1946

Gründung des Franz Cornelsen Verlags in Berlin. Das Unternehmen, das sein Augenmerk zunächst auf die Entwicklung englischsprachiger Lehrwerke für die Volksschule sowie auf belletristische und populärwissenschaftliche Publikationen richtet, arbeitet anfangs in einer Atelierwohnung der »Künstlerkolonie« in Berlin-Wilmersdorf, die zugleich als Privatwohnung der Familie Cornelsen dient.
Im Sommer des selben Jahres wird eine Niederlassung in Bielefeld gegründet.
Ab 1946 ist Franz Cornelsen maßgeblich am Aufbau des Berliner Verleger- und Buchhändlervereins beteiligt. Daneben ist er Mitglied des Aufsichtsrates der Korporation Berliner Buchhändler.

1947

Erste Kontakte Franz Cornelsens zu englischen Verlegern, insbesondere zu Longman und zur Oxford University Press, während einer vom Foreign Office und der British Publishers Association organisierten London-Reise.

1948

Der erste Band des Englisch-Lehrwerks »Peter Pim and Billy Ball« von Hildegard Cornelsen-Friedrichs und Kurt Spangenberg erscheint. Die Erstverkäufe liegen bei über 100.000 Exemplaren.
Franz Cornelsen zählt zu den Gründungsmitgliedern des deutsch-britischen »Grunewald-Clubs«.

1948/49

Berlin-Blockade und Währungsreform führen zu einer jahrelangen Finanzschwäche und hohen Verschuldung des Verlags.
Cornelsen verläßt sein Domizil in der Künstlerkolonie am Breitenbachplatz und etabliert Verlag und Wohnsitz in der Binger Straße 29.

1950

Franz Cornelsen ist als Vertreter der West-Berliner Buchverleger im Spruch-Ausschuß Blockadehilfe tätig. Ab 1951 wird er als Gutachter der Oberfinanzdirektion Berlin mit der Prüfung von Steuererlassen für blockadegeschädigte Buchverlage betraut.
Zwischen 1950 und 1960 erscheinen die »Cornelsen-Bogen« als monatliche Beilage der Westermann-Schul-Zeitschriften. Sie bieten aktuelles Unterrichtsmaterial zu Politik, Wirtschaft,

Rohstoffen, Volkswirtschaft oder Verkehrswesen und erreichen eine Millionen-Auflage.
Von 1952 bis 1954 ist Franz Cornelsen als parteiloser Bürger-Deputierter im Volksbildungsausschuß seines Heimatbezirks Wilmersdorf tätig.

1953 Franz Cornelsen wird als einer der ersten deutschen Buchverleger nach dem Krieg vom State Department in Washington zu einem dreimonatigen Aufenthalt in den USA eingeladen. Im Rahmen dieses »Leader Programs« besucht er alle wichtigen Schulbuchverlage der Ostküste und Kaliforniens.

1954 Cornelsen übernimmt in einem Vergleichsverfahren den traditionsreichen Bielefelder Verlag Velhagen & Klasing, dessen Produktion und Hauptsitz nach Berlin überführt werden. Aufgrund der hohen Verschuldung kommt es zu einem mehrjährigen Ringen um die Vermeidung des Anschlußkonkurses.
Bereits gegen Ende des Jahres erscheint eine provisorische Ausgabe von »Putzgers Historischem Schulatlas«, dem wichtigsten Umsatzträger von Velhagen & Klasing.

1955 Der Verlag bezieht ein neu errichtetes weiteres Domizil in der Binger Straße 62.
In den Jahren 1955 bis 1960 fungiert Franz Cornelsen als Gründungsvorsitzender des Verbandes der Schulbuchverlage, dessen Sitz 1957 von Berlin nach Frankfurt/M. verlegt wird.

1956 Ein wesentlicher Beitrag zur Konsolidierung des Verlages ist die neue Folge von »Peter Pim and Billy Ball«. Sämtliche Texte und Illustrationen stammen von Hildegard Cornelsen-Friedrichs.
Von 1956 bis 1963 ist Franz Cornelsen Gründungsvorsitzender des Verbandes der Kartographischen Verlage und Institute in Frankfurt/M.

1957 Der Verlag wird um eine Physik- und Chemie-Redaktion erweitert.

Die Neufassung des »Putzger« wird aus eigener Kraft finanziert, nachdem eine Bezuschussung durch den Berliner Kreditausschuß abgelehnt wurde. Der Atlas entwickelt sich in der Folgezeit zum umsatzstärksten Einzelbuch West-Berlins. 1960
Von 1960 bis 1965 übernimmt Franz Cornelsen den Gründungsvorsitz im »Verein zur Förderung der Bildungshilfe in Entwicklungsländern«, der sich unter anderem für den Aufbau eines Lehrmedien-Instituts in Berlin einsetzt.

Gemeinsam mit dem Schroedel Verlag wird die Geographische Verlagsanstalt Velhagen & Klasing und Hermann Schroedel (GVG) in Berlin gegründet. 1963

Die Kultusministerkonferenz beschließt die Einführung einer Fremdsprache als Pflichtfach. Aufgrund seiner frühzeitigen Konzentration auf den Bereich Englisch in der Volksschule verfügt der Cornelsen Verlag auf diesem Gebiet über einen großen Entwicklungsvorsprung. 1964

Das Verlagsgebäude in der Binger Straße 62 wird aufgestockt. 1966/67

Die Verlage Franz Cornelsen und Velhagen & Klasing werden zu einem Verlag mit dem Namen Cornelsen-Velhagen & Klasing (CVK) zusammengeführt. Hildegard Cornelsen scheidet als persönlich haftende Gesellschafterin bei Velhagen & Klasing aus, nachdem sämtliche durch die Verlagsübernahme entstandenen Schulden getilgt sind. 1968
Die Franz Cornelsen Stiftung Berlin wird gegründet. Ein Jahr später wird diese Familienstiftung zur alleinigen Gesellschafterin der Verlagsgruppe.

Gründung der Hildegard Cornelsen Stiftung Bielefeld. Diese Familienstiftung fungiert fortan als Gesellschafterin von CVK in Bielefeld. 1969
Übernahme der Lehrmittelfirma Gambke in Berlin-Lichterfelde, die heute den Namen Cornelsen Experimenta trägt.
Ab 1970 erscheinen nach jahrelanger Entwicklung die »CVK-Boxen« für den naturwissenschaftlichen Experimentalunterricht.

1971 Gemeinsam mit Oxford University Press gründet Cornelsen das Tochterunternehmen Cornelsen & Oxford University Press (COUP) in Berlin, heute Cornelsen & Oxford (C&O).
Die Biologie-Redaktion von Cornelsen nimmt in Heidelberg ihre Arbeit auf.

1972 Cornelsen verlegt sein Domizil ins Berliner Buchhandelszentrum (bbz) in der Lützowstraße 105.

1973 Der Börsenverein des Deutschen Buchhandels in Frankfurt/M. verleiht Franz Cornelsen anläßlich seines 65. Geburtstags mit der Goldenen Ehrennadel seine höchste Auszeichnung.

1974/75 Während einer Krise des Verbandes der Schulbuchverlage übernimmt Franz Cornelsen noch einmal dessen Vorsitz.

1975/76 Cornelsen baut eine eigene Druckerei in Berlin-Tegel.

1978 Bau eines eigenen Gebäudes für Auslieferung und Vertrieb in Bielefeld, das heute den Namen Cornelsen Verlagskontor (CVK) trägt.
Franz Cornelsen wird mit der Ernst-Reuter-Plakette die höchste Auszeichnung der Stadt Berlin verliehen.
Gründung der gemeinnützigen Cornelsen-Stiftung Lehren und Lernen beim Stifterverband für die deutsche Wissenschaft in Essen. Die Intention dieser Stiftung besteht in der Förderung pädagogischer und bildungsökonomischer Projekte (z.B. Lehrerfortbildung) sowie in der Integration von ausländischen Schülern, Untersuchungen zur Didaktik des Umweltschutzes und der Förderung der Fremdsprachenerziehung.

1981 Die Universität Oxford verleiht Franz Cornelsen als erstem Deutschen aus dem nicht-universitären Bereich den Titel eines Master of Arts honoris causa.
Hildegard Cornelsen stirbt im Alter von 76 Jahren auf Ibiza, wo das Ehepaar ein altes Landhaus besitzt.

Franz Cornelsen nimmt im Alter von 74 Jahren seine Tätigkeit als vollaktiver Geschäftsführer der Cornelsen-Gruppe wieder auf, nachdem die Strukturkrise der deutschen Schulbuchverlage immer offensichtlicher wird. 1982
In München wird die Cornelsen-Redaktion Deutsch und Geschichte gegründet.

Bau eines modernen Verlagsgebäudes in Berlin-Wilmersdorf. 1982/83
Das Cornelsen-Haus wird im Juni 1983 mit einem Festakt eingeweiht.
Cornelsen übernimmt die in Frankfurt/M. ansässigen Verlage Hirschgraben und Scriptor sowie den Girardet-Fachbuchverlag in Essen zur Arrondierung seiner Unterrichtsprogramme.

Franz Cornelsen heiratet zum zweiten Mal. Seine Ehefrau Ruth 1984
Cornelsen, geborene Bremecker, soll nach dem Ausscheiden des Stiftungsgründers alleiniger Vorstand der Franz Cornelsen Stiftung werden.

Eine grundlegende Neuorganisation der Cornelsen-Gruppe als 1985–87
Familienunternehmen wird vollzogen:
Die Cornelsen Verlagsholding wird 1986 unterhalb der Stiftung angesiedelt. Mit der Druckerei in Tegel, Cornelsen Experimenta sowie allen Verlagen und Redaktionen in Düsseldorf, Frankfurt am Main, Heidelberg und München werden sämtliche Gesellschaften der Gruppe in die Verlagsholding eingebracht. Darüber hinaus werden die Tochterverlage mit einer größeren betriebswirtschaftlichen Eigenverantwortung ausgestattet.
Cornelsen übernimmt den Schulbuchverlag und wissenschaftlichen Verlag Schwann-Bagel in Düsseldorf.
Die Cornelsen-Druckerei in Berlin-Tegel wird ausgebaut und modernisiert.
Durch die Errichtung eines zweiten Hochregallagers kann die Auslieferungskapazität des Bielefelder Vertriebs verdoppelt werden.

1987 In Berlin wird die gemeinnützige Franz und Ruth Cornelsen Stiftung gegründet. Ihre Aufgaben liegen vor allem in der Förderung eines zeitgemäßen und anschaulichen Unterrichts.
Das Land Berlin verleiht Franz Cornelsen für seine langjährigen Verdienste um die Wissenschaft den Titel eines Professors e.h.

1988 Um nach einer Reihe von Verlagsübernahmen ein eindeutiges Erscheinungsbild nach außen vermitteln zu können, wird der Name Cornelsen-Velhagen & Klasing aufgelöst. Unter Rückbesinnung auf seinen Gründer trägt der Verlag nun den Namen Cornelsen, an den die Namen der jeweiligen Tochterunternehmen angefügt werden. Die ehemalige Abkürzung CVK steht nunmehr für das Cornelsen Verlagskontor in Bielefeld.
Gemeinsam mit dem Metzler Verlag in Stuttgart und einem Schweizer Spezialverlag gründet Cornelsen in Duisburg den CoMet Verlag für Unterrichtssoftware, der seit 1994 den Namen Cornelsen Software trägt.
Cornelsen übernimmt die Mehrheitsbeteiligung am Düsseldorfer Patmos Verlag, zu dem heute die Schweizer Verlage Benziger, Walter sowie Artemis & Winkler gehören.
Anläßlich seines 80. Geburtstages wird Franz Cornelsen von der Freien Universität Berlin die Ehrendoktorwürde (Dr. h.c.) verliehen.

1989 Franz Cornelsen stirbt nach kurzer, schwerer Krankheit im Alter von 81 Jahren in seiner Heimatstadt Berlin. Seine Ehefrau Ruth übernimmt neben ihrer Funktion als Geschäftsführerin der Holding den alleinigen Vorsitz der Franz Cornelsen Stiftung, Gesellschafterin der Verlagsgruppe.

1990/91 Franz Cornelsen erhält posthum von der Arbeitsgemeinschaft Selbständiger Unternehmer (ASU) eine Auszeichnung für umweltbewußte Unternehmensführung.
Cornelsen beginnt mit der Erschließung der neuen Bundesländer durch die Entwicklung neuer Unterrichtsmaterialien sowie durch Vorträge und Lehrer-Fortbildungsprogramme.

Die Franz Cornelsen Stiftung erwirbt von der Treuhandanstalt mit dem Ost-Berliner Volk und Wissen Verlag den einzigen Schulbuchverlag der ehemaligen DDR. 1991
Cornelsen übernimmt sämtliche Anteile der 1963 gegründeten Geographischen Verlagsanstalt Velhagen & Klasing und Hermann Schroedel, Berlin (GVG) sowie der Velhagen & Klasing und Schroedel Geographisch Kartographischen Anstalt in Bielefeld.

Die Verlage Cornelsen – Hirschgraben, Cornelsen – Schwann-Girardet sowie der Marketing-Bereich in Bielefeld werden unter dem Dach des Cornelsen-Hauses in Berlin zusammengeführt. Damit werden auch die bis dahin gebräuchlichen Doppelnamen hinfällig: Das Unternehmen heißt nunmehr Cornelsen Verlag. Überdies werden in Berlin ca. 300 neue Arbeitsplätze geschaffen. 1993

Die Geographie-Redaktion des Cornelsen Verlags wird von Hannover nach Berlin verlegt. 1995
Cornelsen übernimmt die Schulbuchproduktion des Ferdinand Kamp Verlags in Bochum.

Cornelsen – Scriptor verlegt seinen Sitz von Frankfurt/M. nach Berlin. 1996
Als einer der größten Verlage Deutschlands und als führender deutscher Schulbuchverlag feiert Cornelsen sein fünfzigjähriges Firmenjubiläum.

Neuenburger Straße 17,
10969 Berlin

Gesetzt aus der Caslon Buch
durch die Offizin Götz Gorissen, Berlin.
Reproduziert im Novatone Verfahren
von NovaConcept, Berlin.
Gedruckt auf chlor- und säurefreiem Papier
und gebunden von Clausen & Bosse, Leck.
Printed in Germany.

ISBN 3 87584 595 1

Wir danken der Landesbildstelle Berlin
für die Abbildungen auf den Seiten 14, 15, 44 und 45.
Alle anderen: Cornelsen-Archiv